AF456348

CATALOGVE

DES

PLANTES CVLTIVE'ES

A PRESENT AV IARDIN ROYAL des Plantes Medecinales, Estably par LOVIS LE IVSTE, à Paris.

Ensemble le Plan de ce Iardin en Perspectiue Orisontale.

Par GVY DE LA BROSSE, Medecin ordinaire du Roy, & Intendant dudit Iardin.

A PARIS,

M. DC. XLI.

A HAVT ET
PVISSANT SEIGNEVR MESSIRE

CLAVDE BOVTHILLIER

CHEVALIER, CONSEILLER DV ROY en ses Conseils, Commandeur & grand Tresorier de ses Ordres, & Sur-intendant des Finances de France.

ONSEIGNEVR,

Depuis sept ans & demy que i'ay commencé le Jardin Royal des Plantes Medecinales de Paris, ie l'ay tellement changé du premier ordre que ie luy donné à sa premiere culture, qu'il n'est pas reconnoissable de ce qu'il estoit à sa naissance, & ie puis asseurément dire, & le faire sçauoir à tous les Peuples de la terre, qu'il tient toute la perfection de son ornement de vostre bonté, puisque vous auez fourny à tout ce qui estoit necessaire à son embellissement, & pour luy faire meriter à iuste tiltre le nom qu'il porte. Maintenant il est tel, qu'il n'a pas qui l'egale en toute l'Europe, & que l'on le peut reconnoistre digne du ministere de cet incomparable Cardinal Duc DE RICHELIEV *qui l'a donné à la France. L'œuure est d'autant plus estimable, voire admirable, qu'elle est sortie à son effet en vn temps bien contraire à la nature de la chose qui demandoit vn tres-grand calme. Mais comme il n'y a point de Monarque commandant les hommes comparable en generosité, bonté, Iustice, pieté & puissance à* LOVIS LE IVSTE *& le victorieux, & qui ayme plus ses peuples pour leur octroyer en tout temps ce qui est necessaire à leur bien. Et aussi qu'il n'y a point de Ministre en tous les Empires du Monde pareil à son Eminence, dont la prudence surmontant le destin, donne l'estre à tout ce qu'elle veust: Ce n'est pas de merueille de voir l'effect d'vn si necessaire & loüable establissement en vn temps si peu sortable à toutes les autres puissances. Aussi n'appartient-il qu'aux Roys de France à faire des Miracles, & à vn tel Ministre à faire l'impossible, toutes ses actions n'estant que merueilles. Ce jardin* MONSEIGNEVR, *construit de la sorte, & où la pieté & la charité se voient tous les jours exercées en nombre de malades qui viennent y trouuer secours à leurs langueurs, & qui leurs ont esté iusques à maintenant ministrées par nous, n'est pas seulement beau, mais tres necessaire & vtil, ainsi le tesmoignent deux cens Escoliers que nous eusmes l'an passé, & autant que nous auons cette année, lesquels accourus de plusieurs Pro-*

uinces de la France, & de plusieurs nations Estrangeres pour la connoissance des Plantes & de leur vsage, l'estiment par de-là tous ceux qu'ils ont veu, donnant de la loüange selon cette mesure, à ceux qui en ont gratifié les peuples : Maintenant sa forme estant arriuée à sa perfection, & ne pouuant plus receuoir de changement sans la destruire. Ie l'ay fait portraire d'vne maniere tres-belle & toute nouuelle, estant vne perspectiue horisontale, où tout y est si iustement obserué, qu'il n'y a pas manque d'vne ligne, & comme elle est belle, & selon la perfection que luy auez donnée : Il est tres-raisonnable qu'elle vous soit dediée, & le Catalogue des Plantes qui sont cultiuées en ses parterres qui ne subsistent que par vous. Ie le vous presente, vous suppliant tres-humblement d'auoir à gré vostre ouurage & la deuotion,

MONSEIGNEVR,

De vostre tres-humble & tres-obligé seruiteur,
GVY DE LA BROSSE.

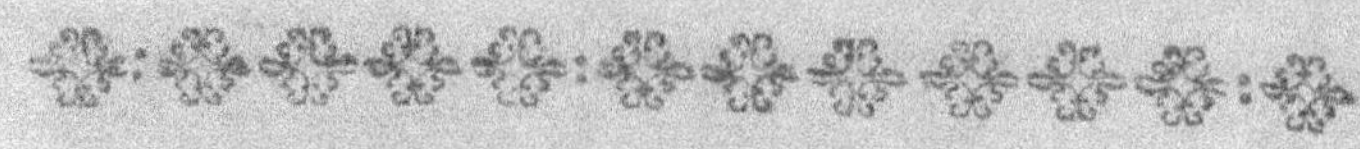

AV LISEVR,

L faut auoir longuement pensé aux choses que l'on veut faire pour leur donner du commencement vn ordre parfait, encore quelquefois il s'y rencontre des difficultez, qui pour n'auoir esté si iustement preueuës, font changer ce que l'on auoit designé pour le mieux. Cela est ainsi arriué en la disposition, ordre & culture du Iardin Royal: Car y ayant pensé & repensé en l'espace de vingt & deux ans que i'ay vacqué à sa poursuitte, & estant entré par la grace de Dieu, la pieté du Roy & la bonté de Monseigneur le Cardinal Duc de RICHELIEV, en sa culture sur la fin de l'an 1633. Nous auons bien ordonné le nombre de ses membres, ainsi que nous les auions premeditez dans le dessein que nous en auons escript; mais non en tel ordre, n'ayant pas rencontré le lieu si iustement disposé comme nous l'esperions pour l'executer ainsi. Le bastiment estoit de long temps construit, & l'espace ireguliere, le plan tout inégal en sa superficie, ayant trouué nombre de fondrieres, & le reste remply d'arbres & de broussailles tresmal disposez; de sorte que tout ce que nous auons pû faire la premiere année, a esté de dresser vn grand parterre, en la hauteur de quarante cinq toises sur la largueur de trente-cinq, & de le remplir de toutes les Plantes que nous recouurismes lors, dont le nombre ne fut pas si petit qu'il n'excedast de plus de trois cent especes, ce que l'on vantoit du Iardin de Montpellier, comme nous l'auons fait voir au Catalogue que nous publiasmes l'an suiuant. Et cette mesme premiere année de nostre culture nous fut tant aduerse pour son extreme secheresse, que pour vaincre la contrarieté de ce temps il nous coustoit toutes les semaines soixante & quinze liures en hommes, pour seulement arroser. Neantmoins par la grace de Dieu nostre trauail nous succeda si bien, que nos Plantes parurent tres-belles. Or du depuis ayant pris à tasche de redresser ce plan si desreglé, & mesme és endroits les meilleurs pour la culture des plantes Estrangeres & des pays chauds, où il y auoit vne allée plantée de charmes sur son retour & fort endommagée qui les occupoit, nous resolumes de l'oster: Mais nostre plus grand trauail fut en nostre terre, qui outre son inégalité raboteuſe, ſe trouua n'eſtre que des deſcombres & grauois en la hauteur de plus de quatre pieds, d'où procedoit outre la conſtitution de la ſaiſon vne telle ſechereſſe, qu'il falloit continuellement auoir l'arrouſoir en main. Et le pire eſt, que nous n'auions que des puits aſſez profonds & froids. Pour vaincre ces faſcheux obſtacles, Nous ſuppliaſme tres-humblement le Roy de nous donner de l'eau de Rongis, ce que nous ayant accordé par ſa pure bonté, & Monſeigneur le Surintendant octroyé, de quoy nous auons fait telle diligence qu'elle couſle & anime ce Iardin Royal: Et d'abondant nous reſolumes de paſſer toutes nos terres par la claye en la profondeur de ſix pieds, & en l'eſtenduë de dix arpens & plus. Et quoy que l'entrepriſe fuſt laborieuſe & coutengeuſe, neantmoins nous en ſommes venus à bout, & de la grace de Monſeigneur le Surintendant, ſi bien que maintenant elles ſont tres bonnes, & nos Plantes y croiſſent luxurieuſement, comme la veuë le deſcouure: Ce trauail accomply nous auons donné l'ordre à nos parterres & à nos autres pieces, comme la perſpectiue oriſontale que nous en auons fait tirer, le monſtre, ſans qu'il y ait manque d'vne ſeule ligne, eſtant ores tel, qu'il eſt impoſſible d'y changer ſans ruiner ſon mieux. Il eſt vray que ce Plan fait paroiſtre l'irregularité de la place, ce qui ne s'aperçoit que bien peu, lors que l'on eſt en ſes allées par le bon ordre que nous y auons donné, & nous ne l'auons voulu contrefaire ny le donner autrement qu'il eſt veritablement; mais tel qu'il eſt: Il eſt aſſeurément le plus beau & le plus riche Iardin de l'Europe de ſa condition, meritant bien eſtre nommé le Iardin du Roy LOVIS LE IVSTE, pour la culture des Plantes Medecinales, & le Iardin Royal.

Reſte maintenant à vous dire que depuis ce premier an de noſtre culture nous auons employé toute noſtre induſtrie à prendre des correſpondances en toutes les Prouinces circonuoiſines & eſtrangeres, où le ſieur Veſpaſien Robin vn des premiers du Royaume en la connoiſſance & culture des Plantes Souzdemonſtrateur de leur exterieur en ce Iardin Royal, a plus contribué que qui que ce ſoit, ayant de longtemps pratiqué tous les curieux de cette excellente occupation, ſoit d'Eſpagne, d'Italie, d'Alemagne, d'Angleterre, de Flandres & autres Prouinces, ou de ſes jeunes ans il a voyagé pour le ſeul deſſein de deſcouurir des Plantes. Nous auons auſſi enuoyé à nos frais en l'vne & l'autre Inde des perſonnes aſſez intelligentes en la connoiſſance herbale, pour nous en cercher & apporter, & de toutes les ſemences qu'ils pourroiẽt recouurer, ce qui n'a pas eſté totalement infructueux, comme vous pourrez reconnoiſtre par le Catalogue que nous vous en presentōs, lequel estant diuisé en deux: Le premier, contient les Plantes que nous auions desia cultiuées, & l'autre, celles des païs Estrangers nouuellement recouuertes, principalement de l'vne & l'autre Inde, & si vous y en remarqués quelques vnes qui vous ayent esté auant connuës, nous estimons que c'est par des Autheurs, & non pour les auoir veu vegeter comme nous, que si vous hochez la teste pour n'en sçauoir pas les proprietez : attendez que le relations & l'experience les ayent descouuertes, & puis on vous le enseignera. Il faut connoistre tels sujets par la veuë, auant que la main se mesle de leur application, le temps, le grand Maistre en l'apprentissage, & la sage curiosité nous en pourra descouurir quelque chose au progrez des saisons que nous vous exposerons apres, Vous asseurant que nostre soing n'y sera pas espargné, & que nostre charbon brusle continuellement pour nous en satisfaire de quelque piece, esperant que la bonté diuine benira nostre intention, afin que le tout soit à sa gloire & à nostre vtilité.

Si quelque curieux demandoit, si toutes les Plantes Estrangeres que nous auons inserées en nostre Catalogue & Appendix, sont ores au Iardin Royal. Ie leur reparts que toutes y ont esté cultiuées, & n'auons fait mention d'aucunes que n'ayons esleuées, mais comme elles ne sont pas toutes robustes pour soustenir l'inclemence de nostre air: les Hyuers longs & fascheux, comme le dernier qui a duré pres de sept mois, nous en a soustrait bonne quantité, mais que nous auons fait portraire, afin que l'idée nous en demeure tousiours presente: Mesmes nous en auons perdu des prochaines regions, que nous nous efforçons de recouurer auec les plus esloignées, joint que de toute cette quantité les vnes sont annuelles, & qu'il faut semer tous les ans, les autres viuaces & perennuelles, dont nous pouuons faire voir bonne quantité. Voyla pourquoy si vous ne les trouuez toutes maintenant, nous vous en ferons voir les portraicts curieusement faits, & desquelles assemblées nous auons construit vn juste volume que nous ferons imprimer, Dieu aydant, dedans cet an, afin que tous les Curieux en jouïssent, & louënt Dieu en la merueille des vegetaux, & pour tous les biens qu'ils nous donnent.

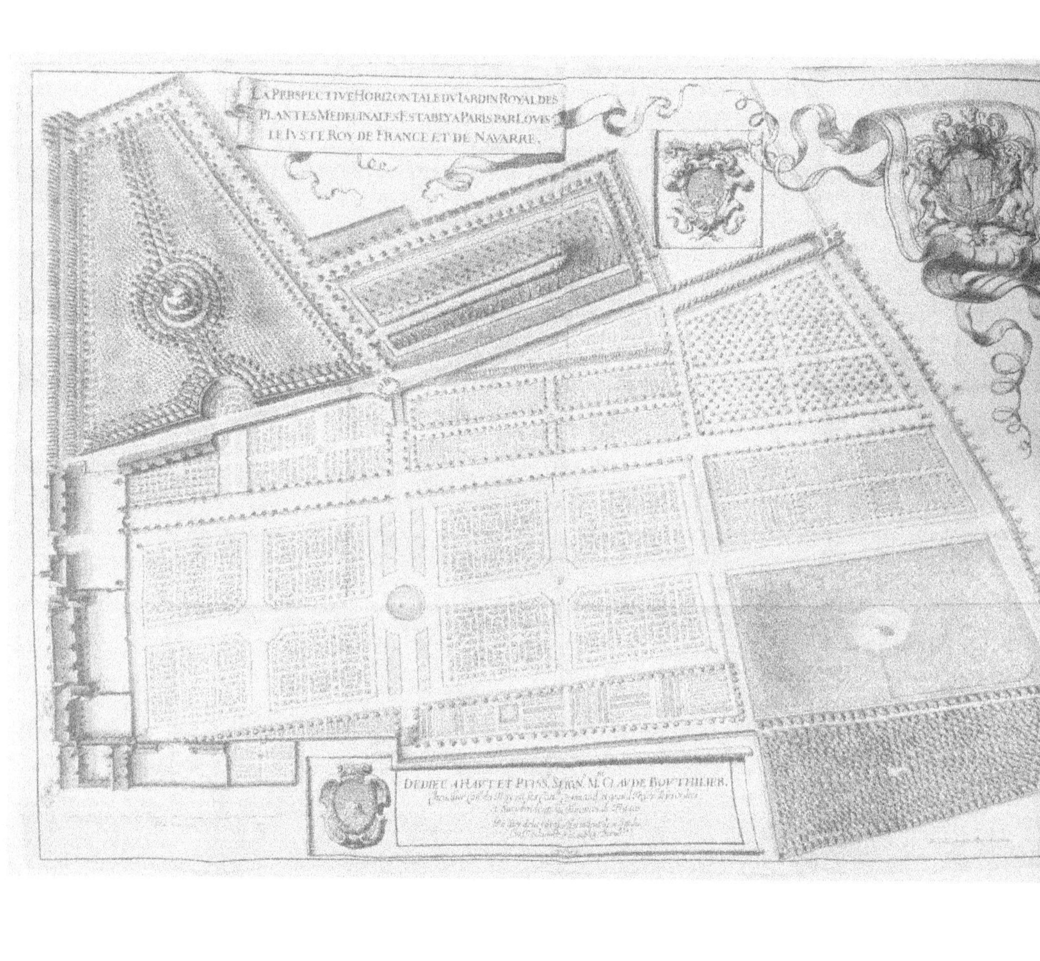
LA PERSPECTIVE HORIZONTALE DV IARDIN ROYAL DES
PLANTES MEDECINALES ESTABLY A PARIS PAR LOVIS
LE IVSTE ROY DE FRANCE ET DE NAVARRE.
DEDIE A HAVT ET PVISS. SEIGN. M. CLAVDE BOVTHILIER.

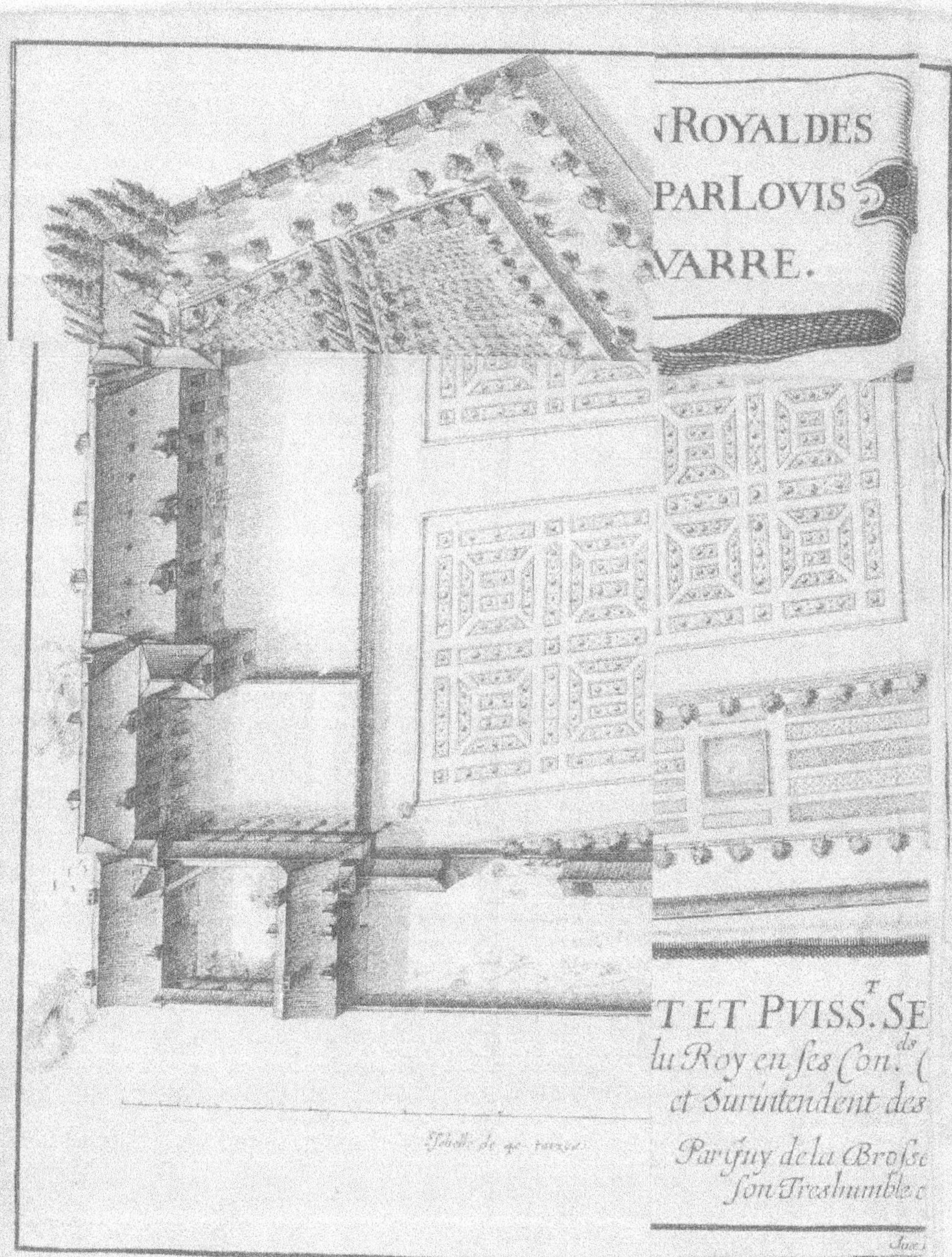
ROYAL DES
PAR LOVIS
VARRE.
T ET PVISS.T SE
lu Roy en ses Con.ds
et Surintendent des
Parisy de la Brosse
son Treshumble

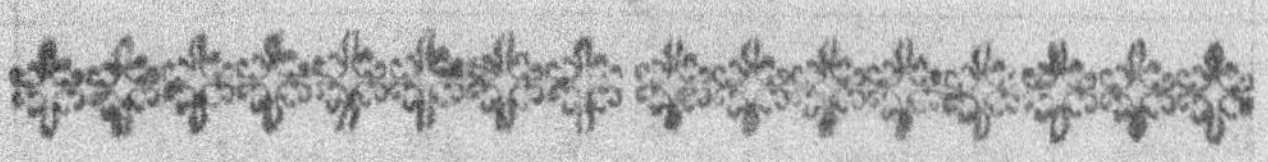

LISTE DES ESTVDIANS A LA CONNOISSANCE DES PLANTES AV IARDIN ROYAL DE PARIS, & aux operations de la Medecine, qui s'y font l'an 1641.

ADRIAN Daniel, de Dieppe, estudiant en Medecine.
Adrian Mouchel, Normant, estud. en Med.
Adrian du Bois, Picard, estud. en Medecine.
Adrian Nourry, Picard, estud. en Medecine.
Adrian Rache, de Vienne, estudiant en Medecine.
Alexandre de Mouchaut de Prouins, estud. en Med.
Ambroise Cureau, Manseau, estud. en Med.
Anibal Barlet Dauphinois, estud. en Chimie.
André Chreagh, Irlandois, estud. en Med.
André de Plancy, Apoticaire à Paris,
Anthoine Aubert, Vendomois, estud. en Med.
Anthoine Chenel, d'Issoye, estud. en Med.
Anthoine Clement, de Guise, estud en Med.
Anthoine de Rouuray, Rochelois, estud en Med.
Anthoine Fouquet, de Vallaurant, estud. en Med.

B.

BErtin Bienxinoye, Manseau, estud. en Medecine.
Bernard Hart, Hybernois, estud. en Med.
Bonauenture Midant, Breton, estud. en Med.

C.

CHarles des Cartes, Messain, estud. en Medecine.
Charles Fachcu, de Romagny, estud en Med.
Gharles Miches, Orleanois, estud. en med.
Charles le Secq, de Sans, estud. en med.
Christophle Baudrais, Percheron, estud. en med.
Claude de Cresel, estud. en med. souz le sieur S. Iacques.
Claude Fillard, estud. en med.
Claude le Secq, Bourguignon, estud. en med.
Claude Guissart, Picart, estud. en med.
Claude Pillenet, Champenois, estud. en med.
Claude Renchy, Tourengeau, estud. en med.
Claude Oliuier, Vendoumois, estud. en med.
Claude Bienuenu de Chasteau-thierry, estud. en med.
Cosme Fors, Hibernois, estud. en Pharmacie.
Conraht Pristengue, Silesien, estud. en med.

D.

DAniel de Masieres, Rochelois, estud. en medecine.
Daniel Picandort, Silesien, estud. en med.
Denys Sablon, Chartrain, estud en medecine.
Dominique Espiau, de Montpellier, estud en Med.

E.

EDme Choüet, de Caën, estud en med.
Edme Moreau, de Tonnerre, estud. en med.
Estienne des Estournes, de Monbart, Chirurgieu.
Estienne Mani, Bourguignon, estud. en med.
Estienne Touraine, Picard, estud. en med.
Estienne de Ladiere, de Monbart, estud. en med.
Estienne Vuilteauf, Polonois, estud. en med.

F.

FRançois Guiteau, Poiteuin, estud. en medecine.
Fiacre du Chante, Lyonnois, estud. en med.

François du Grippet, Parisien, estud. en med.
François Boucher, Perigourdin, estud. en med.
François Bosquillon, de Champlitte, estud. en med.
François Renard, Poiteuin, estud. en med.
François Poulain, de Bellemont, estud. en med.
François Lucquet, de Neuers, estud. en med.
François Touls, estud. en medecine souz Mr S. Iacques.
François de Pay, de Clermont, estud. en med.
François Sablé, d'Angers, estud. en med.
François Girardon, Normant, estud. en med.
François Fort, estud. en medecine.
François Bouleux, estud. en med.

G.

GAspard Nilt, de Zurih, estud. en med.
Gaspard Thibeault, de Barleduc, estud. en med.
Gobert Lonnel, Champenois, estud. en med.
Godefroy Luberguhen, Breton, estud. en med.
Godefroid Buffot, Prouençal, Apoticaire.
Gille Crespin, de Caën, estud. en med.
Gillebert le Blanc, de Vitry, estud. en med.
Guy Colin, Poiteuin, estud en med.
Guillaume Petiot, de Nancy, estud. en med.
Guillaume Bernard, Niuernois, estud. en med.
Guillaume Breant, Breton, estud. en med.
Guillaume Bouchardet, Parisien, estud. en med.

H.

HEnry Guillot, de Gisors, estud. en medecine.
Henry Toussaint, Maconnois, estud en med.
Henry Godart, de Dijon, estud. en med.
Henry Gras, Escossois, estud. en med.
Henry Bedel, Picard, estud. en med.
Henry Roussel, d'Amiens, estud. en med.

Hyerosme Saicron, de Nauarre Medecin.
Honoré Poitier, Normand, estud. en med.
Hucquin de Louuant, Manseau, estud. en med.

I.

IAcques Dunal, d'Abbeuille, estud. en med.
Iacques Guerin, Poiteuin, estud. en med.
Iacques Gibbes, de Londres, estud. en med.
Iacques Halary, Anglois, medecin.
Iacques Pineau, Xainctongois, medecin.
Iacques Gouttiere, Limosin, estud. en med.
Iacques Rigaut, Manseau, estud. en med.
Iacques Vacher, de Monfort, estud. en med.
Iacques Gilbert, de Londres, estud. en med.
Iacques de L'Aleu, de Chastillon Sur-yndre, estud. en m.
Iacques Ragot, de Londres, estud. en med.
Iacques Gamar, Parisien, estud. en medecine.
Iacques Poullain, d'Albeuf, estud. en med.
Iacques Guillot, de Sens, estud. en med.
Iacques Heframps, de Dijon, estud. en med.
Iacques Pierre, Champenois, estud. en med.
Iacques des Marais, de Paris, Medecin.
Iean Gauthier, Limosin, estud. en med.
Iean Garbe, de Nancy, estud. en med.
Iean le Limosier, de Chaumont, estud. en med.
Iean le Febure, de Vitry, estud. en med.
Iean Rombier, Holandois, estud. en med,
Iean Segui, de Saint-Saines, estud. en med.
Iean Lestrang, Chirurgien de Paris.
Iean l'Escuyer, Hyrlandois, Medecin.
Iean du Hamel, Parisien, Medecin.
Iean de la Vallée, de Brionne, Medecin.
Iean Putot, de S. Lo, en Normandie, estud. en med.

Iean Brice, d'Auxerre, Chirurgien,
Iean Frestier, parisien, estud. en med.
Iean Despres, parisien, estud. en med.
Iean Thabouret, Bourguignon, estud. en med.
Iean Noël, Normand, estud. en medecine.
Iean Baptiste, Normant, estud. en med.
Iean Pol, de Beauuais, estud. en med.
Iean Pourel, Hybernois, estud. en med.
Iean le Gens, Hybernois, estud. en med.
Iean le Quens, de Rosieres, estud. en medecine.
Iean Merce, Parisien, estud. en med.
Iean Cochard, Mantouan, estud. en med.
Iean Caillard de Dijon, estud. en med.
Iean Theurault de Boheme, estud. en med.
Iean Reguisseau, de Langres, estud. en med.
Iean Pajor, estud en med. sous Monsieur Chartier.
Iean Gaillon, de Verdun, estud. en med.
Iean Gougault, Poiteuin, estud. en med.
Iean Bordes, d'Estilles, estud en med.
Iean Nicolas, Apothicaire à Paris.
Iean de Bray, Picard, estud. en med.
Iean Christiant, de Tours, estud. en med.
Iean le Barbier, d'Eureux, estud. en med.
Iean Guibert estud. en med. soubs Mr de Saint Iacques
Iean Hamon, de Bourges, estud. en med.
Iean Baral, Lionnois, estud. en med.
Iean Nelan, Hybernois, estud. en med.
Iean Massé, Parisien, estud. en med.
Iean Freschamps estud. en med.
Iean Desprez, de Saumur, estud. en med.
Iean Gloister, Anglois, estud. en med.
Isaac Cattier, de Montpellier, estud. en med.

Ioſeph Fournier, Perigourdin, eſtud. en med.
Iſraël Geruais, de Beauuais, eſtud. en med.
Iſraël Genet de Tonnerre, eſtud. en med.

L.

LAurent Rouſſelet, de Nancy, eſtud. en med.
Lancelot Baron, de Rennes, eſtud. en med.
Leonard Boutonnois, de Limoges, eſtud. en med.
Leonard Degopris, Pariſien, eſtud. en med.
Louys Beaucouſin, de Lyon, eſtud. en med.
Louys Cadiot, de Bar ſur Seine, eſtud. en med.
Louys Caron, de Peronne, eſtud. en med.
Louys Iacob, de Bar ſur aube, eſtud. en Chimie.
Louys Dunal, Normand, eſtud. en med.
Louys Aubreſt, Auuergnac, eſtud. en Chimie.
Louys de Coulaincourt, de Noyon, eſtud. en med.
Louys Bonet, de Roüen, eſtud. en med.
Louys du Mas, de Clermont, eſtud. en med.
Louys Nagent de Sens, eſtud. en med. ſous Mr S. Iacques.

M.

MArin Beauplet, Picard, eſtud. en Chimie.
Michel Danonneau, d'Orleans, eſtud. en med.
Matthias Drouhet, de Xaintonge, eſtud. en med.
Maximilien Friguir, de Chartres, eſtud. en med.
Michel du Pont, Blaiſois, eſtud. en med.
Michel de Hannot, eſtud. en med. ſoubs Mr Vacher.
Michel Barquet, d'Orleans, eſtud. en med.

N.

NIcolas Goulet, de Nancy, eſtud. en med.
Nicolas Fournier, Breton, Apoticaire.
Nicoulas Fournier, d'Anvers, eſtud. en med.
Nicolas le Mercier, Normant, eſtud. en Chimie.
Nicolas Pepin, du Perche, eſtud. en med.

Nicolas Charüet de Beaufort, estud. en med.
Nicolas Auez Medecin à Lyon.
Nicolas Dessant, de Marseille, estud. en med.
Nicolas Blanchet, Parisien, estud. en med.
Nicolas le Bon, de Lyon, estud. en med.

P.

PHilippe le Vasseur, Parisien, estud. en med.
Philippe le Vasseur Normand, estud. en med
Philippe Anisard, Parisien, estud. en med.
Pierre Tousard, du Mans, estud. en Med.
Pierre Dagneaux, Toulouzain, estud. en med.
Pierre Mallet, de la ville d'Eu, estud. en Med.
Pierre le Blanc, d'Orleans, estud en Chimie.
Pierre Allar, d'Auxerre estud. en Chirurgie.
Pierre Blaise, Angeuin, estud en med.
Pierre Courtois, de Meaux, estud. en med.
Pierre Stamhuret, Anglois, estud. en med.
Pierre Gontier, de Reims, estud. en med.
Pierre Rapin, Percheron, estud. en med.
Pierre Moreau, de Bar-le-Duc, estud en med.
Pierre Germain, de Mont-Didier, estud. en med.
Pierre Omerard, Angeuin, Chirurgien.
Pierre l'Anglois, parisien, Medecin.
Pierre Bienuenu, de Meaux, estud. en Pharmacie.
Pierre Dragueuille, Picard, estud. en med.
Pierre du Chesne, Champenois, estud. en med.
Pierre Rondiere, Parisien, estud. en Chirurgie.
Pierre Bretonneau de Tours estud. en med.
Pierre du Bois, parisien, estud. en med.
Pierre Anthoine, de Mont-Didier, estud. en med.
Pierre Heurtault Breton, estud. en med,
Pierre le Pot de Mont-didier, estud. en med.

Pierre Anthoine de Metz, estud. en med.
Pierre Viez, de la Rochelle, estud. en med.
Pierre Foucher, Desparnay, estud. en med.
Pierre Chu[illegible]e, de Chasteau-Thierry, estud. en med.
Ponce Morlet, de Troyes, estud en Chimie.
Prudent Marran, Parisien, estud. en med.

R.

René Bronard, parisien, estud. en med.
René Pusser, Alleman, estud. en med.
René le Blanc, de Poissy, estud en Chirurgie.
Remard Hurd, Hybernois, estud. en med.
René Porier, de Lyon, estud. en med.
Robert Cenighame, Escossois, estud. en med.
Roger Hiffernan, Hibernois, estud. en Chimie.
Robert Sabot, Hybernois, estud. en med.
Robert Goury, Parisien, estud. en med.
Robert Robillard, Normand, estud. en med.
Robert Harfd, Hybernois, estud. en med.
Robert Tiercelault, Picard, estud. en med.
Rodolphe Brikman, de Morauie, estud. en med.

S.

Sigismond Derchaut, Medecin Alleman.
Sigismond Darnic, Polonnois, estud. en med.
Spirit Mercier, breton, estud. en med.

T.

Thomas Charlet, Anglois, estud. en med.
Thomas Brunet, de Bordeaux, estud. en med.
Thibaut Noury, Anglois, estud. en med.
Tierry Krandt, de Fribourg, estud. en med.
Toussainct Felit, de Sens, estud. en Chirurgie.

V.

Victor Demonchault, Picard, estud. en med.

CATALOGVE DES PLANTES QVI SONT DE PRESENT CVLTIVEES AV IARDIN DV ROY, DE PARIS.

Depuis sept ans & demy qu'il est dressé.

Bies.
Abrotonum mas.
Abrotonum fœmina.
Abrotonum Austriacum semper virens.
Abrotonum Germanicum.
Abrotonum inodorum.
Absinthium album.
Absinthium arborescens.
Absinthium folio spicæ.
Absinthium insipidum.
Absinthium seriphium.
Absinthium tenuifolium Romanum.
Absinthium vulgare.

Abutillum Auicennæ.
Acanthus satiuus.
Acanthus aculeatus.
Acanthus pratensis.
Acacia Ægyptia.
Acacia Indica.
Acacia Africana.
Acer latifolium majus.
Acer minus.
Acer trifolium Monspeliense.
Acetosa Africana.
Acetosa bulbosa.
Acetosa domestica.
Acetosa Lusitanica flore variegato.
Acetosa rotundifolia.
Acetosa major siluestris.
Acetosa minor siluestris.
Acetosa maxima Alpina.
Acetosa minima seu leporis.
Acinus siue Ocimum siluestre.
Aconitum Americanum luteum majus.
Aconitum facie Napelli.
Aconitum flore Delphinij.
Aconitum folio Platani.
Aconitum hyemale.
Aconitum ponticum luteum.
Aconitum racemosum fructu nigro.
Aconitum Americanum racemosum fructu albo.
Aconitum Americanum fructu rubro.
Aconitum licoctonum flore subluteo.
Aconitum septimum Mathioli.

Acorus verus.
Acorus paluſtris.
Acorus nemoralis.
Adiantum majus album Americanum.
Adiantum minus tenuifolium.
Adiantum album.
Adiantum nigrum.
Æthiopis.
Agnus caſtus flore albo.
Agnus caſtus flore cæruleo.
Agrifolium Anglicum criſpum.
Agrifolium vulgare.
Aiſoides militaris, ſeu ſedum aquatile.
Alaternus major.
Alaternus minor.
Alaternus anguſtifolia.
Alcanna.
Alcea fructicoſa pentaphyllea.
Alcea peregrina.
Alcea Veneta.
Alcea veſicaria.
Alcea villoſa.
Alcea vulgaris.
Alchimilla.
Alliaria.
Allium ſatiuum.
Allium ſilueſtre.
Allium vrſinum.
Aliſma montanum.
Alnus aquatica.
Alnus montana

Alnus nigra ſeu baccifera.
Aloë Americana.
Aloë Africana.
Alopecuros.
Alſine annua major repens folio Triſſaginis.
Alſine major repens Cluſij.
Alſine ſpargula facie minor, ſeu Alſine ſtellata Dalechampi.
Alſines diuerſarum ſpecierum.
Althea.
Althea major, arborea.
Althea major Africana amplo flore purpureo.
Althea Cretica arboreſcens.
Althea olbiæ.
Althea frutex flore albo.
Althea frutex flore purpureo.
Althea vlmi folio.
Alyſſon Dioſcoridis.
Alyſſon hædera folio.
Alyſſon Galeni.
Alyſſon Plinij.
Alyſſon Equinoides.
Amaranthus major purpureus.
Amaranthus minor holoſericeus præcox.
Amaranthus minor holoſericeus ſerotinus corniculatus.
Amaranthus tricolor.
Amaranthus ſilueſtris.
Ambroſia hortenſis.
Ambroſia ſilueſtris.
Amblatum.

Ammi Creticum.
Ammi Syriacum.
Ammi ſilueſtre.
Ampeloprasſon ſeu porum ſilueſtre.
Amygdala excorticata præcox.
Amygdala dulcis.
Amygdala amara.
Anagallis aquatica.
Anagallis exautica amplo flore cæruleo.
Anagallis mas.
Anagallis fœmina.
Anagiris fœtida ſeu padus.
Anagiris non fœtida.
Androſaces.
Androſaces altera Mathioli.
Androſæmum.
Anemone latifolia multiplex flore albicante.
Anemone lati. multiplex flore atropurpuraſcente.
Anemone latif. maxima Chalcedonica.
Anemone latif. multiplex flore coccineo.
Anemone latif. multiplex flore violaceo.
Anemone latif. multiplex flore.
Anemone latif. multiplex.
Anemone latif. duplici ſerie foliorũ flore albicante.
Anemone latif. duplici ſerie foliorum, flore violaceo, vmbilico albo.
Anemone latiſ. duplici ſerie foliorum flore.
Anemone latifol. duplici ſerie foliorum diuerſorum colorum.
Anemone latifol. flore ſimplici diuerſorum colorum cum vmbilicis & ſine vmbilicis.

Anemone latif. maj. Lusitanica Clusij. duplici serie foliorum flore albo.

Anemone latifol. maj. Lusitanica flore duplici serie foliorum flore luteo.

Anemone latifolia Lusitanica Clusij duplici serie foliorum flore luteo.

Anemone latif. tertia Mathioli.

Anemone trifolia Dodonei.

Anemone siluestris.

Anemone Geranij folio flore albo.

Anemone Geranij folio flore cæruleo.

Anemone Geranij folio flore luteo.

Anemone tenuifolia flore pleno albo.

Anemone tenuifolia major flore pleno albo.

Anemone tenuifolia minor flore pleno albo.

Anemone tenuifolia flore pleno albicante.

Anemone tenuifolia flore pleno carneo viuacissimo.

Anemone tenuifolia flore pleno carneo viuacissimo variegato.

Anemone tenuifolia flore pleno coccineo.

Anemone tenuifolia flore pleno purpureo.

Anemone tenuifolia flore pleno persico.

Anemone tenuifolia flore pleno rubro.

Anemone tenuifolia flore pleno rubro dilutiori.

Anemone tenuifolia flore pleno viridi.

Anemone tenuifolia flore pleno viridi rubente.

Anemone tenuifolia flore pleno obsoleto.

Anemone tenuifolia flore pleno rubro, fusca coma amaranthina.

Anemone tenuifolia flore pleno atrorubro.

Anemone tenuifolia flore pleno.
Anemone tenuifolia flore ſimplici holoſericeo.
Anemone tenuifolia flore ſimplici coccineo amplo.
Anemone tenuifolia flore rubro ſubalbidis oris.
Anemone tenuifolia flore rubro variegato.
Anemone tenuifolia flore ſimplici purpuro-violaceo amplo.
Anemone tenuifolia flore ſimplici diuerſorũ color.
Anethum.
Angelica aquatica.
Angelica aquatica repens ſeu podagraria, aut Archangelica.
Angelica vera.
Angelica lucida.
Angelica major Americana latifolia baccifera.
Angelica Americana.
Aniſum.
Anthillis leguminoſa flore luteo.
Anthillis leguminoſa Luſitanica flore purpureo.
Anthillis marina.
Antirrhinum flore albo.
Antirrhinum flore purpureo.
Antirrhinum flore rubro.
Antirrhinum flore ſubluteo.
Antirrhinum ſilueſtre.
Aparine.
Aphaca.
Aphaca ſilueſtris ſeu arachus.
Aphylantes, primum Dalechampi.
Aphylantes, ſecundum Dalechampi.
Apios Americana folijs Phaſeoli floribus obſoletis.

Apios Fuchsij.
Apios Alpina.
Apios vera.
Apium aquaticum.
Apium hortense.
Apium risus.
Apium satiuum Italorum seu Celerum.
Apocynum Americanum folio Asclepiadis flore rubro vmbellato.
Apocynum rectum.
Apocynum Syriacum.
Apocynum Americanum folio iuglandis.
Apocynum repens seu periploca major.
Apocynum rectum folijs Esulæ raræ Venetorum.
Aquilegia montana.
Aquilegia flore simplici amplo.
Aquilegia flore pleno.
Aquilegia diuersorum colorum.
Aquilegia Americana flore simplici rubro variegato.
Aquilegia rosea flore multiplici diuersorum colorũ.
Arantia malus variæ species.
Arantia malus Chinæ.
Arbor Iudæ.
Arbor vitæ seu Thuya.
Arbutus.
Argemone vulgaris flore rubro.
Argemone montana perannis amplo ore luteo.
Aria Theophrasti.
Arisarum angustifolium Bysantinum.
Arisarum angustifolium vulgare.

Arisarum

Arisarum latifolium Cadurcense maculatum.
Arisarum Lusitanicum latifolium majus.
Arisarum Lusitanicum minus repens.
Arisarum latifolium vulgare maculatum nigro.
Arisarum absque mendis.
Aristolochia Clematis, seu Saracenica.
Aristolochia Lusitanica.
Aristolochia longa vera.
Aristolochia minor polyrrhisos.
Aristolochia rotunda.
Aristolochia semper virens seu Pistolochia Cret. Clusij.
Armeria flore simplici albo.
Armeria flore simplici holoserico.
Armeria alba multiplex.
Armeria prolifera flore multiplici flore purpureo.
Artemisia latifolia.
Artemisia tenuifolia.
Artemisia marina.
Arum Ægyptium.
Arum Indicum.
Arundo minima.
Asadarach Auicennæ.
Asarum Americanum majus.
Asarum vulgare.
Asarine.
Ascalonitides.
Asclepias flore albo.
Asclepias flore nigro.
Asparagus marinus.
Asparagus communis.

Aſperula flore albo.
Aſperula flore cæruleo.
Aſphodellus albus major.
Aſphodellus albus minor.
Aſphodellus bulboſus Galeni.
Aſphodellus luteus ſemper virens.
Aſter Alpinus humilis non ramoſus amplo flore cæruleo.
Aſter Alpinus minor ramoſus flore purpuraſcente.
Aſter Atticus.
Aſter Americanus major latifolius.
Aſter Americanus major luteus.
Aſter Italorum.
Aſter luteus.
Aſter luteus odoratus proliferus.
Aſter Pyrenæus flore cæruleo.
Aſter ſerotinus Tradeſcanti.
Aſter ſilueſtris minor.
Aſter Americanus anguſtifol. flore ſubalbicante.
Aſtragalus beticus
Aſtragalus beticus ramoſus flore rubro.
Aſtragalus minor flore purpureo.
Aſtrantia Alpina minima.
Athanaſia leucanthemos.
Attractilis hirſutior.
Attractilis mitis.
Atriplex alba major hortenſis.
Atriplex nigra major hortenſ.
Atriplex fragifera.
Atriplex marina arboreſcens.

Atriplex rubra latifolia.
Atriplex nigra latifolia seu pes Anserinus.
Atriplex nigra aquatica major.
Atriplex nigra aquatica minor.
Atriplex fœtida seu vuluaria.
Auena seu Bromos.
Auricula vrsi flore albo.
Auricula vrsi flore purpureo variegato.
Auricula vrsi flore & folio boraginis Miconi.
Auriculæ vrsi diuersorum colorum.

B

BAlsamina cucumerina maj.
Balsamina persicifolia fœmina.
Balaustium.
Balsamum Alpinum, seu Cneorum Mathioli.
Bamia.
Barbarea.
Barba capræ Fuchsij.
Baucia.
Behen album.
Behen rubrum.
Bellis major vmbellata Americana.
Bellis maior vulgaris.
Bellis maior lutea.
Bellis lutea spinosa arborescens Cretica.
Bellis minor prolifera.
Bellis flore pleno,
Bellis flore pleno variegato.
Bellis siluestris seu Consolida minima.

Bellis montana flore globoso cæruleo.
Bellidis summæ diuersitas.
Beta rubra.
Beta nigra.
Beta alba maior platicolos.
Beta alba minor.
Betæ diuersæ species.
Berberis.
Berberis absque nucleis.
Berula.
Betonica.
Betonica Alpina maior latifolia flore albo.
Betonica Alpina tomentosa.
Betonica aquatica.
Betonica major Daniæ.
Betonica flore albo.
Betula.
Biphyllum seu Ophris.
Bistorta Alpina minima.
Bistorta major.
Bistorta minor.
Blataria major Mauritanica flore luteo.
Blataria major exautica flore obsoleto.
Blataria latifolia flore purpureo.
Blataria vulgaris flore albo.
Blataria vulgaris flore carneo.
Blataria vulgaris flore luteo.
Biscutella species Thlaspi.
Bliti diuersæ species.
Bolbonac.
Bolbonac radice perpetua.

Bonus-henricus albus.
Bonus-henricus rubeus.
Borrago minima ſemper virens.
Borrago ſemper virens.
Borrago vulgaris.
Bombax.
Botrys arboreſcens ſeu chamæleagnus.
Botrys herba.
Botrys Mexicana.
Braſſica botrytis-cretica
Braſſica monoſpermos.
Braſſica criſpa.
Braſſica capi tata maj. alba.
Braſſica capitata min. alba.
Braſſica capitata polycephalos.
Braſſica diuerſarum ſpecierum.
Britanica.
Brunella flore albo.
Brunella flore purpureo.
Brunella minor anguſtiſolia.
Bruſcus.
Bryonia.
Bubonium.
Bugula flore albo.
Bugula flore violaceo.
Bugloſſum ſatiuum.
Bugloſſum ſilueſtre.
Bulbocaſtanum.
Bulbus vnifolius.
Bulbus Eriophorus.
Bulbus vomitorius.

Bunium.
Buphtalmum seu Elleborus ferulaceus.
Bupleurum.
Butomos seu sparganium.
Bursa pastoris maior.
Bursa pastoris minor.
Buxus maior
Buxus minor.
Buxus auratus.

C

CAcalia glabra.
Cachrys vera.
Cakille Serapionis seu Eruca marina.
Calamagrostis,
Calamentum montanum præstantius minus.
Calamentum vulgare flore albo.
Calamentum montanum minus vulgare.
Calamentum montanum Narbonense.
Calamintha aquatica.
Calamintha montana præstantior.
Calamintha montana vulgaris.
Calandula prolifera multiplex.
Calandula flore pleno.
Calandula minor siluestris.
Calceolus Mariæ Americanus major flore albo variegato.
Calceolus Mariæ Americanus minor flore luteo.
Calceolus Mariæ montanus vulgaris.
Caltha palustris flore pleno.
Caltha palustris flore simplici.

Campanula aruorum.
Campanula Fuchsij flore duplici cæruleo.
Campanula cærulea vrticæ folio.
Campanula persicæ folio cærulea.
Campanula persicæ folio alba.
Campanula lactescens maior seu pyramidalis Lutetiana.
Campanula Heluetia seu pyramidalis montana flore viridi albicante, non descripta.
Campanula minor Germanica rotundifolia flore albo.
Campanulæ variæ.
Camphorata Monspeliensis.
Camphorata vulgaris annua.
Canna Indica striata.
Canna Indica flore luteo variegato.
Canna Indica flore rubro.
Canna maior.
Canna saccharifera.
Cannabis mas.
Cannabis fœmina.
Cannabis aquatica.
Cantabrica.
Capparis vera.
Capparis leguminosa.
Caprifolium Germanicum flore rubello serotinum.
Caprifolium Italicum perfoliatum præcox.
Caprifolium vulgare.
Caprifolium arbor.
Capsicum Indicum longum maius.
Capsicum Indicum longum minus.

Capsicum rotundum.
Capsici variæ species.
Cardamine Americana tuberosa angustifolia flore albo.
Cardamine flore pleno.
Cardamine vulgaris.
Cardus benedictus.
Cardus bulbosus.
Cardus eriocephalus.
Cardus leucographus.
Cardus sphærocephalus maior latifolius perannis.
Cardus spærocephalus Hispanicus annuus.
Cardus tomentosus.
Cardus Rytro.
Cardus stellatus luteus foliis Cyani.
Cardui variæ species.
Carlina maior seu Chamæleon albus.
Carlina minor seu Chamæleon niger.
Carobia.
Carpinus.
Caryophyllorum hortensium flore pleno variæ in colore differentiæ
Caryophyllorum hortensium flore simplici variæ in colore differentiæ.
Caryophyllus Narbonensis vmbellatus flore purpureo.
Caryophyllus minor Narbonensis vmbellatus flore purpureo.
Cassia poetica.
Castanea equina.
Castanea vulgaris.

Cauda equina variæ ſpecies.
Caucalis.
Caucalis echinato ſemine.
Cauda muris
Centaurium maius.
Centaurium maius Pyrenæum ſeu Raponticum foliis cinaræ.
Centaurium maius luteum.
Centaurium minus luteum.
Centaurium minus purpureum.
Cepæa Lobelli.
Ceraſa flore pleno.
Ceraſorum diuerſæ ſpecies.
Cerinthe maior.
Cerinthe minor.
Ceterach.
Chamæceraſus Alpina latifolia.
Chamæceraſus Alpina anguſtifolia.
Chamæceraſus Alpina paruo fructu rubro.
Chamædrys flore rubro.
Chamædrys flore albo.
Chamædrys durior Alpina.
Chamædrys annua ſpinoſa.
Chamælea Alpina.
Chamælea Italica biflora.
Chamælea tricocos.
Chamæleagnus Dodonei.
Chamæmelum flore pleno.
Chamæmelum vulgare.
Chamæirides anguſtifoliæ diuerſorum colorum.

Chamænerium foliis rorismarini minus, siue Delphinium.

Chamænerium Gesneri.

Chamæpitys Austriaca.

Chamæpitys tertia Mathioli.

Chamepitys vulgaris.

Chamærodendros Alpina.

Chelydonium Americanum flore albo.

Chelydonium maius foliis laciniatis.

Chelydonium maius vulgare.

Chondrilla Italica flore carneo pleno.

Chondrilla cærulea aruorum.

Chondrilla rara flore purpureo semine lucido.

Chondrillæ luteæ varietas.

Chrysanthemum maius Americanum cum volateria caule, seu vosacam.

Chrysanthemum minus allatum.

Chrysanthemum arborescens.

Chrysanthemum Americanum tenuifolium.

Chrysanthemum peruvianum seu flos Solis.

Chrysanthemum peruvianum proliferum.

Chrysanthemum tenuifolium semper virens.

Chrysanthemum Americanum tuberosum.

Cicer arietinum.

Cicer Lusitanicum.

Cicer siluestre peranne.

Cicer siluestre verius.

Cicercula Cretica.

Cichorium satiuum variæ species.

Cichorium siluestre.

Cichorium scoparium.

Cichorium Creticum ſpinoſum.
Cichorium luteum dulce.
Cicuta maior ſeu Cicuta nigra
Cicuta nigra minor.
Cicuta minor ſeu Cicuta alba.
Cicutaria.
Circæa Lutetiana.
Circium Anglicum.
Circium maius.
Circium maius tuberoſum.
Circium minus.
Ciſtus mas.
Ciſtus fœmina.
Ciſtus ledon primus Cluſij.
Ciſtus ledon ſecundus Cluſij.
Ciſtus populnea fronde.
Ciſtus annuus.
Ciſtus folio Thymi.
Ciſtus folio ſampſuci.
Ciſtus folio halimi.
Ciſtus ledon anguſtifol. Monſpelienſe.
Citrullus Indicus fructu variegato.
Clareta Ruellij ſeu lactuca leporina.
Clematis ſeu peruinca maior flore albo.
Clematis ſeu peruinca maior flore violaceo.
Clematis ſeu peruinca minor flore albo.
Clematis ſeu peruinca minor flore purpureo pleno.
Clematis ſeu peruinca minor flore violaceo.
Clematis betica.
Clematis Pannonica.
Clematis peregrina flore atro violaceo, multiplici.

Clematis Luzitanica flore albicante.
Clematis peregrina flore purpureo.
Clematis peregrina flore violaceo.
Clematis ſubrecta.
Clematis virginiana ſeu Iaſminum Americanum flore phœniceo.
Clymenum ſemper virens.
Cnicus flore cæruleo.
Cnicus vulgaris ſeu Cartamus.
Cochlearia hederæ folio.
Coclearia maior.
Coclearia minor.
Colchicum atropurpureum Lutetianum.
Colchicum Creticum bifolium flore albo.
Colchicum Byſantinum.
Colchicum ephemerum.
Colchicum Hiſpanicum minus.
Colchicum Luſitanicum maius flore purpureo.
Colchicum Pannonicum flore albo.
Colchicum purpureum flore multiplici amplo.
Colchicum Pannonicum flore variegato.
Colchicum variegatum flore multiplici.
Colchicum variegatum ex inſula Chio elegans.
Colchicum variegatum vulgare.
Colus Iouis.
Colutea ſcorpioides.
Colutea Indica.
Colutea veſſicaria.
Coniſa minor Cretica anguſtifolia, odorata annua.
Conſolida aurea nemorum.
Conſolida maior flore albo.

Conſolida maior flore purpureo.

Conſolida paluſtris Tabernæ montani, ſeu lingua major Dalechampi.

Conſolida Saracenica.

Conſolida flore pleno variæ in colore differentiæ ſeu pes Alaudæ.

Conſolida ſilueſtris flore pleno variæ in colore differentiæ.

Conſolida hortenſis flore ſimplici variæ in colore differentiæ.

Conſolida ſilueſtris aruorũ flore violaceo ſimplici.

Conuoluulus cæruleus ſeu flos noctis hederæ folio.

Conuoluulus folio maluæ flore purpureo.

Conuoluulus folio ſpicæ purpureus.

Conuoluulus Indicus flore cyaneo.

Conuoluulus Indicus minor hederæ folio flore cyaneo.

Conuoluulus Luſitanicus flore cyaneo.

Conuoluulus purpureus maior.

Conuoluulus vulgaris maior.

Conuoluulus minor.

Coniſa maior odorata ſeu baccaris.

Coniſa maior vulgaris.

Coniſa media.

Coniſa minor odorata prolifera.

Coniſa minor vulgaris.

Corallus arbor.

Cor Indicum.

Corcoros Plinij ſpecies Menthæ.

Coriandrum.

Coris Dalechampi.

Coris Monſpelienſium ſpecies chamæpityos,

Cornus mas.
Cornus fœmina.
Corona Imperialis maior polyanthos.
Corona Imperialis maior flore atrophœniceo.
Corona Imperialis minor flore pallido.
Coronopus repens.
Coronopus vulgaris.
Corthusa Mathioli.
Corthusa Americana repens flore albo botrytis.
Corilus maior.
Corilus minor.
Cotinus Plinij.
Cotonea malus mas.
Cotonea malus fœmina.
Cotonaster.
Cotula fœtida.
Cotula non fœtida.
Craca.
Cratæogonum.
Crithmon.
Crithmum chrysanthemum.
Crithmum marinum.
Crithmum spinosum.
Crocus autumnalis Bysantinus flore albicante.
Crocus autumnalis Bysantinus flore cinericeo.
Crocus autumnalis Bysantinus flore violaceo.
Crocus autumnalis montanus amplo flore cæruleo.
Crocus autumnalis Pyrenæus amplo flore violaceo.
Crocus autumnalis satiuus.
Crocus vernus flore albo basi violacea.
Crocus vernus flore albo amplo Hispanicus.
Crocus vernus flore albo polyanthos Mesiacus.

Crocus vernus flore aureo polyanthos Mesiacus.
Crocus vernus flore aureo rutilante reticulato cortice.
Crocus vernus flore cinericeo Hispanicus maior.
Crocus vernus flore cinericeo striatus.
Crocus vernus flore vario elegantissimo.
Crocus vernus tenuifolius flore violaceo primus Lusitanicus.
Crocus vernus tenuifolius flore violaceo & purpureo secundus Lusitanicus.
Crocus vernus macroleptophyllos flore purpureo amplo Lusitanicus.
Crocus vernus flore violaceo striatus maior.
Crocus vernus flore violaceo striatus minor.
Crocus vernus flore violaceo polyanthos seu nositica parua.
Cruciata.
Cucumer satiuus variæ species.
Cucumer siluestris.
Cuculata.
Cucurbita striata vmbellifera.
Cuminum siluestre.
Cuminum satiuum.
Cupressus mas.
Cupressus fœmina.
Cuscuta maior.
Cuscuta minor.
Cyaneus maior.
Cyaneus fœtens.
Cyaneus vulgaris.
Cyaneus hortensis flore purpureo.

Cyani varietas.

Cyaneus Orientalis odoratiſſimus multiplex flore purpureo.

Cyaneus Orientalis odoratiſſimus flore cinericeo amplo ſimplici.

Cyanus Orientalis odoratiſſimus flore albo amplo ſimplex.

Cyclamen Antiochenum amplo flore albo duplici vernale.

Cyclamen Antiochenum amplo flore purpureo duplici vernale.

Cyclamen Antiochenum amplo flore ſimplici purpureo.

Cyclamen Byſantinum flore amaranthino ſimplici baſi alba.

Cyclamen Byſantinum flore atro purpureo ſimplici autumnale.

Cyclamen Orientale anguſtifolium flore albo.

Cyclamen Autumnale Byſantinum folio hederæ amplo flore purpureo.

Cyclamen autumnale ex inſula Elba flore albo anguſtifolium.

Cyclamen autumnale folio hederæ flore albo Orientale.

Cyclamen autumnale folio hederæ flore purpureo.

Cyclamen odoratum Autumnale folio hederæ ex inſula Corfu flore purpureo.

Cyclamen Orientale folio hederæ flore purpureo amplo.

Cyclamen Pictauinum hederæ folio flore purpureo.

Cyclamen rubrum Burgundiæ folio orbiculato.

Cyclamen vernale album Monſpelienſe.
Cyclamen vernale rubrum odoratum Romanorũ.
Cyclamen Veronenſe odoratum flore rubro orbiculato.
Cymbalaria.
Cynara betica.
Cynaræ maxim. variæ ſpecies.
Cynocrambe.
Cynogloſſum Creticum.
Cynogloſſum vulgare.
Cynogloſſum minus anguſtifolium, annuum.
Cynoſorchidis variæ ſpecies.
Cyperus longus.
Cyperus verus.
Cyperus rotundus inodorus.
Cytiſus Hiſpanicus Cluſij.
Cytiſus ſeu laburnum Theophraſti & hebenus.
Cytiſus ſcorpioides.
Cytiſus Italicus.
Cytiſus Marenthæ ſemper virens.
Cytiſus vulgaris.
Cytiſus falſus Cluſij.

D

DAmaſonium.
Datura Turcarum flore albo.
Datura Turcarum minor flore amplo ſeu nux metel.
Datura Turcarum flore violaceo duplici calice odoratum.
Datura flore violaceo albicante virginianum.

Daucus Creticus.
Daucus Alpinus.
Daucus latifolius.
Daucus selinoides Alpinus major.
Daucus siluestris major.
Daucus siluestris minor.
Dentaria heptaphyllos flore albo.
Dentaria heptaphyllos flore purpurascente.
Dentaria heptaphyllos coraloides seu bulbifera.
Digitalis angustifolia flore albo.
Digitalis angustifolia flore ferrugineo.
Digitalis angustifolia flore subluteo.
Digitalis angustifolia flore variegato arborescens.
Digitalis latifolia flore albo.
Digitalis latifolia flore rubello.
Digitalis latifolia flore purpureo.
Digitalis latifolia flore variegato.
Dipcadi Chalcedonicum flore albicante.
Dipcadi Chalcedonicum flore cinericeo.
Dipcadi Chalcedonicum flore luteo.
Dipcadi Chalcedonicum flore purpurascente.
Dipcadi Chalcedonicum flore violaceo.
Dipsacus minor.
Dipsacus satiuus.
Dipsacus siluestris.
Doria Americana minor serotina.
Doria Narbonensis major.
Doronicum Alpinum majus.
Doronicum tertium Clusij.
Draba flore albo.
Draba flore purpureo.

Draco arbor.
Draco herba.
Doricnium.

E.

EBenus Cretica.
Ebulus.
Echium aquaticum.
Echium majus.
Echium minus.
Echium minus angustifolium italicum.
Echium supinum.
Elaphoboscum.
Elatine major.
Elatine minor.
Elatine leguminosa.
Elatine Ocimi folio.
Elleborine flore candido.
Elleborine flore purpurascente.
Elleborine flore albicante.
Elleborus niger Mathioli amplo flore viridi.
Elleborus niger montanus maximus flore viridi.
Elleborus niger secundus Mathioli flore viridi.
Elleborus niger verus Dioscoridis.
Elleborus niger verus Theophrasti flore albo foliis obtusis.
Elleborus niger verus flore rubello folijs obtusis.
Elleborus niger verus Theophrasti primus Mathioli.
Elleborus albus floribus atrorubentibus præcox.
Elleborus albus major vulgaris.

Endiuia hortenſis.
Endiuia hortenſis.
Endiuia aſpera.
Endiuia ſilueſtris.
Ephemerum Mathioli.
Epimedium.
Equiſetum ſeu cauda equina.
Eranthemum.
Ericæ variæ ſpecies.
Erigerum majus Hiſpanicum.
Erigerum vulgare.
Eruca Indica major.
Eruca Cretica recta latifolia.
Eruca humiſtralis Luſitanica.
Eruca peregrina.
Eruca ſilueſtris.
Eruca vera.
Eruum.
Eryngium Alpinum majus cæruleum, latifolium, elegans.
Eryngium marinum.
Eryngium montanum.
Eryngium planum.
Eryngium planum Alpinum capite Dipſaci.
Eryngium pumile.
Eryngium vulgare.
Eryſimum.
Eſula Americana latifolia flore albo inſtar Campanulæ.
Eſula major ſeu Cataputia.
Eſula minor.

Esula maior Germanica.
Esula minor Germanica.
Esula minima.
Esula rara Venetor.
Euonimus.
Eupatorium Auicennæ.
Eupatorium Alpinum minus semper virens flore rubello.
Eupatorium Canabinum Indicum majus.
Eupatorium Græcor.
Eupatorium Indicum maius.
Eupatorium Mesues seu Ageratum flore albo.
Eupatorium Mesues seu Ageratum flore luteo.
Eupatorium Narbonense.
Euphrasia lutea Narbonensis angustifolia frutescens.
Euphrasia maior.
Euphrasia minor.

F

FAba siluestris Græcorum.
Fabarum variæ species.
Fagopyrum.
Fagus.
Ferula galbanifera.
Ferula lucida Hispanica.
Ferula nigra.
Ferrum equinum.
Ficus fructu albo.
Ficus fructu nigro.

Ficus Indica ſeu Opontia major.
Ficus Americana ſeu Opontia minor.
Filicula montana, ſeu lonchitis aſpera Marenthæ.
Filix aquatica arborea minor.
Filix minor arborea Tragij.
Flammula major.
Flammula Iouis ſubrecta.
Flos Americanus major aureus multiplex.
Flos Americanus major luteus corniculatus multiplex.
Flos Africanus ſeu Othoma major luteus multiplex.
Flos Africanus minor multiplex.
Flos Africanus minor ſimplex.
Flos Conſtantinopolitanus flore albo ſimplici.
Flos Conſtantinopolitanus flore carneo ſimplici.
Flos Conſtantinopolitanus flore miniato ſimplici.
Flos Conſtantinopolitanus flore miniato multiplici.
Flos paſſionis ſeu citrullus perannis.
Fœniculus dulcis.
Fœniculus vulgaris.
Fœnum-græcum.
Fragaria Americana fructu rubro hirſuto.
Fragaria Americana magno fructu rubro.
Fragaria Pannonica.
Fraga ia fructu albo vulgaris.
Fragaria fruct i rubro vulgaris.
Fragariæ diuerſæ ſpecies.
Fraxinella flore albo.
Fraxinella major flore purpureo.
Fraxinella minor flore carneo.

Fritillaria angustifolia communis flore albo.
Fritillaria angustifolia communis flore atropurpureo.
Fritillaria angustifolia communis flore purpureo.
Fritillaria angustifolia communis flore rubello.
Fritillaria angustifolia exautica flore viridi albicante multiplex.
Fritillaria latifolia Hispanica vmbellata polyanthos flore luteo purpurascente.
Fritillaria latifolia Hispanica flore atro purpurascente polyanthos.
Fritillaria Italica latifolia flore atropurpureo amplo.
Fritillaria Italica latifolia flore luteo punctato.
Fritillaria Italica latifolia flore luteo purpurascente.
Fritillaria Italica angustifolia serotina flore viridi.
Fritillaria Lusitanica angustifolia flore flauescente latifolia.
Fritillaria Lusitanica angustifolia.
Fritillaria Pyrenæa flore luteo.
Fritillaria Pyrenæa flore viridi nigricante.
Fungus ligneus.
Fungi variæ species.

G

GAlega.
Galega Alpina.
Galeopsis maxima Pannonica.
Galeopsis verior.
Galium album.
Galium luteum.

Gelſeminum album vulgare.
Gelſeminum Americanum majus amplo flore phœniceo.
Gelſeminum Cathalonicum.
Gelſeminum Italicum luteum.
Gelſeminum Indicum ſemper virens arboreſcens flore luteo.
Gelſeminum luteum Canariæ flore pleno.
Gelſeminum Perſicum flore violaceo.
Geniſta Hiſpanica.
Geniſta Hiſpanica monoſpermos flore albo.
Geniſta vulgaris.
Geniſta ſpinoſa.
Geniſta infectoria.
Geniſta pinnata humilis.
Geniſta ſubrecta.
Gentiana major flore luteo.
Gentiana maior flore purpureo Heluetia.
Gentiana folio aſclepiadis.
Gentianella verna amplo flore cyaneo.
Gentianella autumnalis ſeu viola calathiana.
Geranium batracoides majus longius radicatum.
Geranium batracoides majus ſiue gratia Dei flore albo.
Geranium batracoides majus ſeu gratia Dei flore purpureo.
Geranium batracoides majus ſeu gratia Dei flore albo variegato.
Geranium batracoides minus ſeu hæmatodes.
Geranium Americanum flore purpureo.

Geranium

Geranium Creticum hæmatodes.
Geranium Creticum variegatum.
Geranium fuſcum.
Geranium maximum.
Geranium malacoides Monſpelienſe.
Geranium moſcatum.
Geranium Indicum tuberoſum flore variegato noctu olens.
Geranium odoratum.
Geranium rotundifolium.
Geranium ſupinum Moſcouiticum Tradeſcanti.
Geranium ſaxatile.
Geranium tuberoſum.
Geranium tuberoſum minus latifolium Africanum.
Gingidium.
Gladiolus Africanus major tuberoſa radice.
Gladiolus albus binis florum ordinibus.
Gladiolus Byſantinus major floribus atrorubētibus.
Gladiolus major purpureus.
Gladiolus flore carneo.
Gladiolus purpureus Narbonancis major.
Gladiolus purpureus Narbonancis.
Gladiolus Indicus major autumnalis flore phœniceo ramoſus reticulato cortice.
Gladiolus Hiſpanicus minor reticulato cortice flore purpureo.
Glaſtum ſatiuum.
Glaſtum ſilueſtre.
Glaux Dioſcoridis.
Glaux exigua Luſitanica aſpera.
Glaux major Luſitanica.

Glaux vulgaris.
Globularia Alpina minor ſerpens.
Glycyrrhiſa Echinata.
Glycyrrhiſa ſiliquoſa.
Glycyrrhiſa vulgaris.
Gnaphalium Alexandrinum ſeu ſteccas cittina O-
rientalis.
Gnaphalium Americanum.
Gnaphalium legitimum Cluſij.
Gnaphalium maximum.
Gnaphalium montanum ſeu pes cati flore purpureo.
Gnaphalium montanum ſeu pes cati flore albo.
Gnaphalium vulgare.
Glaucium.
Gramen alopecurum.
Gramen auenaceum.
Gramen calamiſtratum.
Gramen cyperoides.
Gramen filiceum.
Gramen glomeratum.
Gramen hordeaceum.
Gramen iunceum marinum flore ſpicato.
Gramen iunceum marinum minus.
Gramen majus rectum pegrinum, ſeu ſchenantum
inodorum.
Gramen montanum.
Gramen nodoſum.
Gramen Parnaſſi.
Gramen ſtriatum.
Gramen tremulum.
Gramen troglonides.

Graminis variæ ſpecies.
Gratiola major.
Gratiola minor ſeu Anthillis aquatica.
Guaiacum Patauinum.

H

HAlicacabum Indicum.
Halicacabum vulgare.
Halimus major arboreſcens.
Halimus minor repens.
Harmala Syriaca.
Hedera vulgaris major latifolia.
Hedera vulgaris minor anguſtifolia.
Hedera Americana major pentaphyllea.
Hedera.
Hedera terreſtris.
Hedyſarum Ægyptium flore luteo punctato, ſeu Seſbam Proſperi Alpini.
Hedyſarum clypeatum.
Hedyſarum minus.
Hedyſarum minus Narbonenſe flore obſolero.
Hedyſarum Narbonenſe minus flore purpureo.
Hedyſarum Monſpelienſe.
Helianthos.
Heliotropium tricocum.
Heliotropium vulgare, ſeu ſcorpioides & verrucaria.
Heliotropium ſupinum.
Hemerocalis Chalcedonica flore coccineo.
Hemerocalis Chalcedonica flore coccineo vmbellato polyanthos.
Hemerocalis Chalcedonica latifolia flore ſanguineo.
Hemerocalis Chalcedonica flore amplo coccineo fo-

lijs reflexis angustifolia.
Hemorocalis montana flore luteo punctato.
Hemorocalis montana flore luteo absque punctis.
Hemorocalis montana flore luteo viridi.
Hepatica trifolia præcox flore simplici.
Hepatica trifolia præcox flore cinericeo.
Hepatica trifolia præcox flore rubello.
Hepatica trifolia præcox flore purpureo.
Hepatica trifolia præcox flore violaceo.
Hepatica trifolia præcox flore violaceo dilutiori.
Hepatica trifolia præcox flore violaceo multiplici.
Hepatica trifolia præcox flore cæruleo multiplici.
Hepatica trifolia serotina flore alb. simplici.
Hepatica trifolia serotina flore violaceo simplici.
Hepatica trifolia serotina flore purpurascẽte simplici.
Hepatica trifolia serotina flore albo cum staminibus purpureis simplex.
Hepatica trifolia serotina flore cæruleo simplici.
Hepatica trifolia Americana.
Herba Paris.
Herba venti Rondeletij.
Hieracium majus asperum Cretense.
Hieracium majus Pyrenæũ semper virens flore luteo.
Hippoglossum.
Hipposelinum.
Horminum Beticum.
Horminum hortense.
Horminum peregrinum.
Horminum sylvestre flore albo.
Horminum sylvestre flore cæruleo.
Hyacinthus Anglicus flore albo, aut flore purpureo.

Hyacinthus Anglicus flore cæruleo.
Hyacinthus Anglicus flore cæruleo dilutiori.
Hyacinthus Anglicus flore purpurascente.
Hyacinthus Anglicus flore suaue rubente.
Hyacinthus Autumnalis major Indicus tuberosa radice odoratissimus, flore vero candido.
Hyacinthus Autumnalis minor Indicus stellatus flore albo.
Hyacinthus Botryoides flore albo.
Hyacinthus Botryoides flore cæruleo.
Hyacinthus Botryoides flore rubello.
Hyacinthus Botryoides flore violaceo vulgaris.
Hyacinthus comosus candidus.
Hyacinthus comosus calamistratus purpureus.
Hyacinthus comosus calamistratus violaceus.
Hyacinthus comosus vulgaris.
Hyacinthus comosus Bysantinus albidus.
Hyacinthus comosus Bysantinus violaceus.
Hyacinthus facie Orientalis flore albo.
Hyacinthus facie Orientalis flore violaceo.
Hyacinthus Hispanicus æstiuus Clusij.
Hyacinthus Orientalis flore albo brumalis.
Hyacinthus Orientalis flore albo polyanthos præcox.
Hyacinthus Orientalis flore candido.
Hyacinthus Orientalis flore cæruleo calice breui polyanthos.
Hyacinthus Orientalis flore cæruleo multiplici polyanthos.
Hyacinthus Orientalis flore cinericeo præcox.
Hyacinthus Orientalis flore Cyaneo præcox.
Hyacinthus Orientalis flore duplici viridi purpurascente.

Hyacinthus Orientalis flore duplici violaceo.

Hyacinthus Orientalis foliatus polyanthos violaceo colore.

Hyacinthus Orientalis foliatus minor violaceo colore.

Hyacinthus Orientalis flore ſuaue rubente.

Hyacinthus Orientalis flore violaceo odoratiſſimo

Hyacinthus Orientalis flore violaceo polyanthos.

Hyacinthus Orientalis flore violaceo dilutiori polyanthos.

Hyacinthus Orientalis cui caulis inſtar ſerpentariæ, ſeu Zunbul Indicum maius, flore ſimplici violaceo.

Hyacinthus Orientalis cui caulis inſtar ſerpentariæ, ſeu Zunbul Indicum maius, flore violaceo multiplici.

Hyacinthus Orientalis cui caulis inſtar ſerpentariæ, ſeu Zunbul Indicum minus, flore cæruleo.

Hyacinthus ſtellaris Byſantinus major.

Hyacinthus ſtellaris Byſantinus minor.

Hyacinthus ſtellaris Byſantinus flore borraginis.

Hyacinthus ſtellaris Germanicus flore albo.

Hyacinthus ſtellaris Germanicus flore cinericeo.

Hyacinthus ſtellaris Germanicus flore violaceo.

Hyacinthus ſtellaris cinericeus major.

Hyacinthus ſtellaris cinericeus minor.

Hyacinthus ſtellaris liliaceus flore albo.

Hyacinthus ſtellaris liliaceus flore cæruleo.

Hyacinthus ſtellaris liliaceus flore rubello.

Hyacinthus ſtellaris ſerotinus polyanthos.

Hyacinthus ſtellaris montanus.

Hyacinthus ſtellaris Peruvianus flore albo.
Hyacinthus ſtellaris Peruvianus flore albicante.
Hyacinthus ſtellaris Peruvianus flore cinericeo.
Hyacinthus ſtellaris Peruvianus flore carneo.
Hyacinthus ſtellaris Peruvianus flore cæruleo.
Hyacinthus ſtellaris Peruvianus flore violaceo.
Hyacinthus ſtellaris Peruvianus minor flore violaceo.
Hyacinthus Promontorij bonæ ſpei ſtellatus flore albo major.
Hyacinthus Promontorij bonæ ſpei ſtellatus flore violaceo dilutiori minor.
Hyoſcyamus albus.
Hyoſcyamus luteus.
Hyoſcyamus aureus Creteníis.
Hyoſcyamus niger.
Hypericum arboreſcens.
Hypericum hircinum.
Hypericum tomentoſum.
Hypericum Hiſpanicum ſerratis foliis.
Hypericum vulgare.
Hypericum repens com.
Hyperium arboreſcens.
Hyppecoum Cluſij.
Hyſſopum latifolium vulgare flore violaceo.
Hyſſopum latifolium flore albo.
Hyſſopum anguſtifolium flore ſpicato Cluſij.
Hyſſopus variegatus Pariſienſis hortus Regij.

I

IAcea alba multiplex.
Iacea lutea Narbonenſis.
Iacea major.

Iacea nigra flore albo.
Iacea nigra flore purpureo.
Iacea pinea Narbonensis.
Iacea rubra multiplex.
Iacea rubra simplex.
Iacobea marina vulgo cineraria.
Iacobea montana.
Iacobea vulgaris.
Iberis Dioscoridis.
Ilex coccifera, seu, xermes.
Imperatoria.
Insensibilis frutescens.
Iris tuberosa latifolia alba oris violaceis.
Iris tuberosa latifolia alba oris purpureis.
Iris tuberosa latifolia alba major.
Iris Dalmatica major.
Iris Dalmatica minor.
Iris exautica Camerarij major.
Iris exautica Camerarij minor.
Iris biflora Lusitanica.
Iris lutea omnium maxima flore luteo.
Iris lutea variegata.
Iris nostras flore cæruleo.
Iris Susiana major.
Iris Susiana minor.
Iris Tripolitana major.
Iris Tripolitana minor.
Iris exautica major flore purpureo violaceo.
Iris angustifolia acaulis.
Iris Bysantina angustifolia peramœna flore albo.
Iris angustifolia Bysantina peramœna flore violaceo.

Iris angustifolia Bysantina peramœna flore violaceo multiplici.

Iris maritima maior.

Iris maritima minor.

Iris bulbosa angustifolia Africana flore purpureo violaceo, cui caulis instar serpentariæ.

Iris bulbosa angustifolia Hispanica flore purpureo, cui caulis instar serpentariæ.

Iris bulbosa angustifolia alba maior.

Iris bulbosa angustifolia alba minor.

Iris bulbosa angustifolia aurea.

Iris bulbosa angustifolia cinericea.

Iris bulbosa angustifolia cærulea variegata.

Iris bulbosa angustifolia lutea variegata.

Iris bulbosa angustifolia purpureo-violacea.

Iris bulbosa angustifolia Persici flore.

Iris bulbosa angustifolia violacea.

Iris bulbosa angustifolia violacea variegata.

Iris bulbosa angustifolia lutea.

Iris bulbosa latifolia prima Clusij flore albo.

Iris bulbosa latifolia prima Clusij flore violaceo.

Iris bulbosa latifolia prima Clusij flore cæruleo.

Iris bulbosa Persica variegata elegans præcox.

Iris bulbosa latifolia Anglica flore albo.

Iris bulbosa latifolia Anglica flore albo cum flammis violaceis.

Iris bulbosa latifolia Anglica atro-violaceo.

Iris bulbosa latifolia Anglica flore cinericeo cum flammis violaceis.

Iris bulbosa latifolia Anglica flore cæruleo.

Iris bulbosa Anglica flore purpureo elegans.

Iris bulbosa latifolia Anglica flore purpurascente.
Iris bulbosa latifolia Anglica flore purpureo dilutiori.
Iucca Indiæ Occidentalis planta.
Iuniperus maior.
Iuniperus minor.
Iuncus floridus.
Iuncus vulgaris maior.
Iuncus humilis siue gramen iunceum.
Iuncus sulcatus flore cæruleo amplo.

K

KAli geniculatum.
Kali maximum.
Kali minimum.
Keiri Arabum.
Keiri Creticum.
Keiri luteum Germanicum amplo flore simplici.
Keiri luteum Germanicum flore multiplici.
Keiri luteum flore multiplici.

L

LAcryma Iobi.
Lactucarum variæ differentiæ.
Lagopus maior.
Lagopus minor.
Lagopus elegans.
Ladanum segetum.
Ladanum segetum angustifolium.
Lamium album.
Lamium Astragaloides.
Lamium beticum.
Lamium luteum Lusitanicum.

Lamium luteum vulgare.
Lamium Pannonicum flore purpureo variegato Clusij.
Lamium purpureum.
Lamium exoticum.
Lampsana.
Lapathi varia genera.
Lappa maior vulgaris.
Lappa minor seu Xantium.
Lappa maior Americana.
Laserpitium maius.
Laserpitium minus.
Laserpitium minus Alpinum.
Lathyris angustifolia siue climenum.
Lathyris latifolia.
Lauendula flore albo.
Lauendula flore cæruleo.
Laureola.
Laurocerasus.
Laurus Alexandrina.
Laurus inodora latifolia Canariæ.
Laurus tynus Luzitanica.
Laurus tynus Narbonensis.
Laurus vulgaris.
Lentiscus.
Leontopetalum.
Leontopodium.
Lepidium.
Leucacantha.
Leucanthemum marinum supinum.

Leucoium flore albo multiplici.
Leucoium flore rubro multiplici.
Leucoium flore purpureo multiplici.
Leucoium marinum flore albo simplici.
Leucoium flore albo simplici.
Leucoium flore purpureo simplici.
Leucoium flore purpureo violaceo simplici.
Libanotis coronaria.
Libanotis ferulacea.
Libanotis Theophrasti.
Liliasphodellus flore luteo odoratus.
Liliasphodellus flore Phœniceo.
Lilium album Bysantinum.
Lilium album polyanthemum Africanum flore multiplici.
Lilium album vulgare.
Lilium aureum Allobrogum.
Lilium conuallium flore albo.
Lilium conuallium flore rubello.
Lilium cruentum serotinum.
Lilium cruentum.
Lilium flauum Allobrogum subabidis oris.
Lilium Persicum.
Lilium purpureum bulbos gerens in alis.
Lilium purpureum maius.
Lilium purpureum minus.
Lilium purpureum polyanthemum præcox.
Lilium purpureum medium.
Lilium rubrum.
Lilium minus Americanum angustifolium flore phœniceo.

Limones.
Limonium Africanum elegantissimum folijs Pyrolæ.
Limonium congener Clusij.
Limonium elegans.
Limonium folijs Halimi.
Limonium maius.
Limonium minus.
Limonium minus angustifolium Massiliense.
Linaria eruca amplo flore luteo.
Linaria montana odorata flore cinericeo.
Linaria Narbonensis frutescens.
Linaria purpurea.
Linaria vulgaris.
Linaria Valentina.
Linaria maior vulgaris.
Linaria minor vulgaris.
Lingua maior Dalechampi.
Linum vulgare.
Linum semper virens maius angustifolium, seu tenuifolium.
Linum semper virens minus angustifolium, seu tenuifolium.
Lithospermum Anchusæ facie, flore violaceo.
Lithospermum maius.
Lithospermum minus.
Lolium maius.
Lolium minus.
Lonchitis folijs aspleni.
Lonchitis maior.
Lonchitis aspera.
Lonchitis Alpina aspera.

Lothus arbor.
Lothus herba.
Lothus Indica arbor.
Lothus Libyca Dalechampi.
Lunaria Borrusa.
Lunaria maior.
Lunaria minor.
Lunaria radiata.
Lupinus Africanus flore violaceo elegans.
Lupinus minor exoticus flore cæruleo.
Lupinus satiuus.
Lupinus syluestris.
Lupulus.
Lychnis Anglica.
Lychnis Anglica glabra.
Lychnis Anglica marina Lobelli.
Lychnis coronaria simplex flore carneo.
Lychnis coronaria flore albo simplici.
Lychnis coronaria purpureo simplici.
Lychnis coronaria flore purpureo multiplici.
Lychnis minor angustifolia recta, seu Musipula Narbonensis septima Clusij.
Lychnis minor angustifolia octaua Clusij flore rubello.
Lychnis supina glabra angustifolia Narbonensis.
Lychnides variæ.
Lycium Gallicum.
Lycium Gallicum maius.
Lycopersicum maius.
Lycopersicum minus.
Lysimachia Americana folijs rubris non floruit apud nos.

Lyſimachia galericulata flore purpureo.
Lyſimachia Luſitanica flore luteo.
Lyſimachia cærulea flore ſpicato.
Lyſimachia cærulea galericata.
Lyſimachiæ variæ.

M

MAcalep ſeu Chamæceraſus petrea.
Maiorana annua vulgaris.
Maiorana Anglica ſemper virens.
Mala inſana.
Malorum variæ ſpecies.
Malus Arantia maior corniculata.
Malus Arantia minor Chinenſis.
Malus Arantia acida.
Malus Arantia dulcis.
Malus Arantia flore rubro.
Malus Arantia folio & fructu variegato.
Malus Armenia.
Malus citronia.
Malus Perſica flore multiplici.
Malus Perſica diuerſarum ſpecierum.
Malus punicea dulcis.
Malus punicea acida.
Malua arborea.
Malua Braſiliana arboreſcens.
Malua roſea fructicoſa.
Malua roſea diuerſarum ſpecierum & colorum floribus.
Malua rotundifolia virginiana flore variegato.

Malua trimeſtris.
Mandragora mas.
Mandragora fœmina.
Maratriphyllum paluſtre.
Marubium album.
Marubium Cretenſe.
Marubium fœtidum.
Martagum Americanum flore phœniceo punctato.
Martagum Americanum flore luteo punctato.
Martagum chymiſtarum flore albo.
Martagum chymiſtarum flore albo punctato Lotharingium.
Martagum chymiſtarum flore purpureo.
Martagum exauticum anguſtifolium flore ſpadiceo.
Martagum Germanicum ſerotinum flore purpureo.
Martagum imperiale flore albo.
Martagum imperiale flore carneo punctato.
Martagum imperiale flore purpureo.
Martagum Macedonicum flore phœniceo.
Martagum montanum flore purpureo maculato.
Martagum montanum longiore ſpica.
Martagum Ponponeum flore luteo.
Martagum Ponponeum flore phœniceo.
Marum Cortuſij.
Marum maſtichenum.
Matricaria flore pleno.
Matricaria flore duplicato.
Matricaria vulgaris.
Medica Arabica.
Medica altera.
Medica cocleata.

Medica doliata.
Medica echinata.
Medica marina.
Medica Hispanica maxima.
Medica spinosa.
Melandrum Plinij.
Melanthium beticum.
Melanthium citrinum.
Melanthium Damacenum.
Melanthium pleno flore.
Melanthium vulgare.
Melilotus Italica flore albo.
Melilotus Hispanica latifolia.
Melilotus vulgaris.
Melissa Constantinopolitana.
Melissa Moldauica.
Melissa Fuchsij.
Melissa vulgaris.
Moluca aspera.
Mentha crispa.
Mentha Romana.
Mentha vulgaris rubra.
Mentha vulgaris angustifolia.
Mentha ocimoides.
Menthastrum crispum.
Menthastrum tuberosum.
Menthastrum vulgare.
Mercurialis mas mai.
Mercurialis fœmina.
Mespilus Aronia.
Mespilus siluestris.

Mespilus absque nucleis.
Mespilus vulgaris.
Mezereum Arabum.
Mezereum Germanicum.
Meum seu meu vulgare.
Meum seu meu verum.
Milium Indicum.
Milium Indicum semine nigro.
Milium vulgare.
Millefolium Creticum.
Millefolium flore rubro.
Millefolium flore purpureo.
Millefolium luteum.
Millefolium odoratum.
Millefolium vulgare.
Millefolium aquaticum.
Millegrana.
Molugo.
Moly Dioscoridis flore albo.
Moly Italicum flore rubello.
Moly Pyræneum flore luteo.
Moly Hispanicum flore rubro.
Moly triangulatum imperiale flore albo.
Moly purpureum folijs Narcissi.
Moly vmbellatum flore albo.
Moly vmbellatum flore carneo.
Moly vmbellatum flore cinericeo.
Moly Babylonicum vmbellatum pumile echinatum flore suaue rubente.
Moly zibethinum Monspeliense.

Monophyllum.
Morſus Diaboli flore albo.
Morſus Diaboli flore violaceo vulgaris.
Morus alba.
Morus nigra mas.
Morus nigra fœmina.
Morus rubra Americana.
Muſcipula flore albo.
Muſcipula flore purpureo.
Myagrum.
Myrrhis odorata.
Myrrhis montana.
Myrrhis Germanica.
Myrrhis fœtens.
Myrtus anguſtifolia Italica.
Myrtus Betica latifolia.
Myrtus latifolia Gallo-prouincia flore pleno.
Myrtus latifolia Italica.

N.

NApellus maior præcox.
Napellus maior ſerotinus.
Napellus minor.
Narciſſus Africanus polyanthos aureus calice phœniceo.
Narciſſus Africanus luteus maior polyanthos.
Narciſſus Africanus luteus medius polyanthos.
Narciſſus Africanus ſubluteus polyanthos,
Narciſſus Africanus luteus minimus polyanthos.

Narcissus Africanus subluteus polyanthos.

Narcissus albus medioluteus amplo flore polyanthos Narbonensis.

Narcissus totus luteus minor Narbonensis polyanthos.

Narcissus luteus annualis maior.

Narcissus luteus autumnalis minor.

Narcissus Bysantinus albus medio-croceus serotinus amplo flore polyanthos.

Narcissus Bysantinus albus medioluteus amplo flore polyanthos.

Narcissus Bysantinus albus medioluteus amplo flore latifolius polyanthos.

Narcissus Bysantinus albus medio-croceus amplo flore polyanthos.

Narcissus Chalcedonicus albus medioluteus multiplex maior polyanthos.

Narcissus Chalcedonicus albus medioluteus multiplex minor polyanthos.

Narcissus Chalcedonicus albus media fimbriata lutea multiplici carolla polyanthos.

Narcissus Chalcedonicus albus medioluteus polyanthos.

Narcissus albidus Chalcedonicus calice breui sulphureo polyanthos.

Narcissus Pisanus albus medioluteus polyanthos.

Narcissus Pisanus albus medioluteus medius polyanthos.

Narcissus Pisanus albus medioluteus minor polyanthos.

Narcissus Creticus totus albus polyanthos flore multiplici.

Narcissus Hispanicus totus albus polyanthos.

Narcissus totus albus Narbonensis maior polyanthos.

Narcissus totus albus Narbonensis minor polyanthos.

Narcissus totus albus Bysantinus amplo flore polyanthos.

Narcissus niueus amplo calice sulphureo polyanthos.

Narcissus albidus amplo calice folijs reflexis polyanthos.

Narcissus albidus medioluteus amplo calice patulo polyanthos.

Narcissus albus medioluteus amplo calice patulo polyanthos.

Narcissus Poeticus albus medio-croceus multiplex.

Narcissus Poeticus albus mediocroceus simplex.

Narcissus Poeticus albus minor multiplex serotinus.

Narcissus Poeticus albus minor stellatus serotinus.

Narcissus Poeticus albus maior amplo flore.

Narcissus Poeticus omnium maximus albus medio-purpureus.

Narcissus albus medioluteus amplo flore.

Narcissus albus medioluteus ex Senensi Agro.

Narcissus albus medioluteus patulo calice amplo.

Narcissus albus Pyrenæus medioluteus.

Narcissus albidus medioluteus calice patulo omnium maximus.

Narcissus luteus amplo calice patulo omnium maximus.

Narcissus totus candidus patulo calice maior.

Narcissus totus albus amplo calice patulo minor.

Narcissus Hispanicus amplo calice albidus maior calice sulphureo.

Narcissus Hispanicus albidus maior amplo calice.

Narcissus Hispanicus luteus maior amplo calice.

Narcissus Hispanicus luteus medius amplo calice.

Narcissus Hispanicus luteus minor amplo calice.

Narcissus Hispanicus luteus medius flore nutante, amplo calice.

Narcissus Hispanicus luteus lato calice amplo.

Narcissus Hispanicus luteus minimus foliis reflexis amplo calice.

Narcissus Hispanicus luteus minimus pumilius amplo calice.

Narcissus Hispanicus luteus minimus rectus amplo calice.

Narcissus montanus totus albus amplo calice maior.

Narcissus montanus totus albus medius amplo calice.

Narcissus montanus totus albus amplo calice flore nutante.

Narcissus montanus luteus latifolius oblongo calice.

Narcissus montanus luteus latifolius amplo calice.

Narcissus montanus luteus polyanthos amplo calice.

Narcissus montanus Italicus luteus amplo calice fimbriato.

Narcissus montanus albidus calice luteo amplo.

Narcissus montanus luteus syluestris amplo calice.

Narcissus syluestris Hispanicus maximus luteus multiplex.

Narcissus syluestris Hispanicus maximus luteus roseus.

Narcissus syluestris Hispanicus maximus luteus multiplex odoratus amplo flore.

Narcissus syluestris Germanicus maior.

Narcissus syluestris vulgaris roseus minor.

Narcissus syluestris vulgaris flore luteo virente.

Narcissus luteus maior multiplici calice.

Narcissus luteus minor multiplici calice.

Narcissus Indicus autumnalis flore rubello instar lilij polyanthos minor.

Narcissus Indicus autumnalis latifolius flore rubello instar lilij polyanthos.

Narcissus Indicus autumnalis rubello albicante colore polyanthos.

Narcissus Indicus autumnalis latifolius pumilius umbellatus flore rubello polyanthos.

Narcissus Indicus latifolius squamosa radice, flore phœniceo.

Narcissus Indicus latissimis folijs, non floruit apud nos.

Narcissus Indicus latifolius flore phœniceo instar Iacobei polyanthos.

Narcissus virginianus lilij-florus flore purpurascente.

Narcissus marinus seu Pancratium autumnale siue hemerocalis Valentina Clusij.

Narcissus marinus tertius Mathioli seu Pancratium vernale.

Narcissus Persicus maior vernus flore luteo.

Narcissus Persicus vernus flore luteo minor.

Narcissus septimus Mathioli seu Leuconarcisso hexaphyllum polyanthos pratense vernum.

Narcissus septimus Mathioli seu Lylionarcisso hexaphyllum paucioribus floribus.

Narcissus septimus Mathioli flore pleno polyanthos.

Narcissus sextus Mathioli seu leucoium triphyllum leuconarcisso lirium iuncifolium autumnale flore suaue rubente minimum.

Narcissus sextus Mathioli seu leucoium triphyllum leuconarcisso lirium iuncifolium minimum vernum flore rubello.

Narcissus iuncifolius Africanus autumnalis albus polyanthos.

Narcissus iuncifolius Africanus autumnalis flore toto viridi polyanthos.

Narcissus iuncifolius autumnalis albus medio obsoletus.

Narcissus iuncifolius albus amplo calice folijs reflexis polyanthos maior.

Narcissus iuncifolius albus amplo calice folijs reflexis polyanthos.

Narcissus iuncifolius luteus folijs reflexis calice sulphureo polyanthos.

Narcissus iuncifolius aureus folijs reflexis.

Narcissus iuncifolius albidus maior polyanthos amplo calice.

Narcissus iuncifolius luteus maior amplo calice polyanthos.

Narcissus iuncifolius luteus medius amplo calice polyanthos.

Narcissus iuncifolius luteus minor amplo calice polyanthos serotinus.

Narcissus iuncifolius luteus amplo calice flore rotundæ circinitatis roseo polyanthos maior serotinus.

Narcissus iuncifolius luteus maior multiplex polyanthos.

Narcissus iuncifolius luteus maior calice breui polyanthos.

Narcissus iuncifolius luteus medius calice breui polyanthos.

Narcissus iuncifolius luteus minor calice breui polyanthos.

Narcissus montanus syluestris iuncifolius amplo calice flore albo.

Narcissus montanus syluestris iuncifolius amplo calice, flore albido.

Narcissus montanus syluestris iuncifolius luteus amplo calice maior.

Narcissus montanus syluestris iuncifolius luteus minor amplo calice.

Narcissus montanus syluestris iuncifolius luteus fimbriato calice mutoni.

Nardus Americana.

Nardus Cretica.

Nardus montana.

Nasturtium Indicum.

Nasturtium Americanum tuberosum.

Nasturtium hortense crispum.

Nasturtium hortense vulgare.
Nasturtium mai. aquaticum seu nasitor.
Nasturtium min. aquaticum.
Nasturtium minus pratense.
Natrix Plinj.
Nepeta Alpina minor odorata.
Nepeta maior.
Nepeta minor.
Nerium flore albo.
Nerium flore rubro.
Noli me tangere seu persicaria silicosa.
Numularia maior.
Numularia minor.
Nymphea maior alba.
Nymphea maior lutea.
Nymphea minor alba.
Nymphea minor lutea.

O.

OCimum caryophyllatum.
Ocimum latifolium maculatum.
Ocimum latifolium crispum.
Ocimum maximum.
Ocimum minus tenuifolium caryophyllatum album.
Ocimum minus tenuifolium caryophyllatum nigrum.
Ocimum vulgare.
Oculus cati seu balote crispa.
Oenanthe aquatica.
Oenanthe prior.

Oenanthe altera montana.
Oenanthe tertia.
Olea ſatiua.
Olea boëmia.
Olea ſylueſtris.
Ononis minor flore luteo.
Ononis ſpinoſa vulgaris flore rubello.
Ononis ſpinoſa exautica flore albo.
Ononis non ſpinoſa flore purpureo.
Ononis non ſpinoſa flore luteo.
Onobrychis.
Onopordum.
Ophiogloſſum.
Ophioſcorodum.
Oreoſelium.
Origanum Heracleum.
Origanum Americanum maius flore purpureo maius.
Origanum Americanum maius flore albicante.
Origanum vulgare.
Ornithogalum Arabicum.
Ornithogalum Hiſpanicum bulbo & folio Narciſſi.
Ornithogalum Hiſpanicum vmbellatum.
Ornithogalum Hiſpanicum minus ſpicatum.
Ornithogalum Hiſpanicum minus ſpicatum flore luteo.
Ornithogalum Alpinum flore luteo maius.
Ornithogalum Creticum folio Hyacinthi Orientale vmbellatum minus.
Ornithogalum Indicum ſpicatum flore luteo viridi

albicante.
Ornithogalum Monſpelienſe.
Ornithogalum Neapolitanum.
Ornithogalum Pannonicum maius.
Ornithogalum Pannonicum minus.
Ornithogalum vulgare maius.
Ornithogalum vulgare minus.
Ornithogalum trifolium flore prorſus niueo odoratum Luſitanicum.
Ornithopodium.
Ornus Ruellij, ſiue Sorbus aucuparia,
Orobanche.
Othonna ſeu herba venti Rondeletij.
Oxyacantha.
Oxyacantha Dioſcoridis, ſeu ſpina alba comm.
Oxyacantha Dioſcoridis, ſeu ſpina alba flore pleno.

P.

Paliurus.
Palma maior.
Palma minor ſeu chamærifes.
Panax aſclepium.
Panax Heracleum.
Panax Chronium.
Panax Chironium flore albo.
Panicum.
Papauer corniculatum flore luteo.
Papauer corniculatum flore phœniceo.

Papauer corniculatum flore violaceo.
Papauer erraticum Orientale multiplex flore rubello.
Papauer Orientale flore albo multiplici.
Papauer Orientale flore purpureo multiplici.
Papauer Orientale flore rubro multiplici.
Papauer Orientale flore carneo multiplici.
Papauer Orientale flore multiplici atro purpurascente.
Papauer spinosum Clusij.
Papauer spumeum.
Parietaria.
Paronychia folio Alsine.
Paronychia folio rutæ.
Pentaphyllum album argentatum.
Pecten veneris.
Pelis.
Perchepier seu saxifraga Anglorum.
Persoliata.
Persoliata Alpina minima perannis Bupleuri folio.
Persicaria maculata.
Persicaria mitis perannis repens.
Persicaria mitis.
Persicaria vrens.
Periploca.
Persica amygdalina.
Persica flore pleno.
Persicarum variæ species.
Petasites maior.
Petasites minor.

Petasites montanus seu Alpinus.
Petasites maximus Americanus.
Petroselinum Macedonicum verum.
Peucedanum Italicum maius.
Peucedanum Italicum minus.
Peucedanum vulgare.
Phalangium Americanum flore albo Tradescanti.
Phalangium Americanum flore violaceo Tradescanti.
Phalangium Creticum Salonense.
Phalangium Allobrogum.
Phalangium ramosum.
Phalangium non ramosum.
Phalaris.
Phaseolus niger Indicus flore phœniceo.
Phaseolus niger Indicus flore purpurascente.
Phaseolus niger minor vmbellatus flore violaceo dilutiori.
Phaseolorum variæ species.
Phylandrium Hispanicum maius.
Phylandrium minus Alpinum.
Phylandrium Plinij.
Phyteuma Mathioli, Aphylantes Dalechampi.
Philitis vulgaris.
Philitis multiphido.
Philitis sterilis.
Phlomos lychnites seu verbascum saluifol. Monspeliense.
Pinus.
Pinaster.

Pisum vmbellatum.
Pisum Americanum peranne.
Pisum absque pargameno in siliqua.
Pisum tetragonologum seu sundalida Cretica Clusij.
Pisum vulgare.
Pisi variæ species.
Pityusa.
Pistacia.
Plantago Aquatica maior.
Plantago incana exautica Gareti.
Plantago Lusitanica caulescens.
Plantago marina.
Plantago marina angustifolia maior.
Plantago marina angustifolia minor.
Plantago maxima latifolia caule foliato.
Plantago minor angustif. seu lanciolata variegata.
Plantago minor aquatica semine stellato.
Plantago rosea.
Plantago vera vulgaris siluestris.
Plantago vera vulgaris.
Plantago omnium maxima Lusitanica.
Plantago vera variegata.
Platanus.
Pœonia fœmina flore multiplici albicante.
Pœonia fœmina flore carneo multiplici.
Pœonia fœmina flore rubro multiplici.
Pœonia fœmina rubra simplex.
Pœonia mas folio iuglandis.
Pœonia Ochranthemos.

Pœonia promiſcua flore albicante præcox.
Pœonia promiſcua flore purpureo.
Pœonia promiſcua flore carneo.
Polemonium.
Polemonium Alpinum, ſeu Valeriana anguſtifolia flore rubello.
Polium montanum.
Polium montanum vulgare.
Polium montanum mai.
Polium montanum minus.
Polium montanum ſubrectum.
Polyacantha.
Polygala.
Polygala Valentina maior Cluſij.
Polygala Valentina minor Cluſij.
Polygonatum Americanum maius ramoſum racemoſum.
Polygonatum Americanum ſpicatum fructu rubro magno repens.
Polygonatum Virginianum ſpicatum repens.
Polygonatum Americanum perfoliatum flore luteo amplo.
Polygonatum Americanum perfoliatum ramoſum flore ſubluteo amplo.
Polygonatum maius.
Polygonatum anguſtifolium.
Polygonatum fœmina.
Polygonatum tertium Cluſij.
Polygonatum Pannonicum flore duplici.
Polygonatum vulgare.

Polypodium.
Polytrichum.
Populus alba.
Populus nigra.
Populus Libyca.
Portulaca aquatica.
Potamogetum.
Potentilla.
Poterium.
Primula ſyluarum diuerſæ.
Primula veris Byſantina maior latifolia flore purpureo ſimplici.
Primula veris Anglica omnium maxima polyanthos flore luteo multiplici.
Primula veris flore albicante multiplici.
Primula veris flore fimbriato ſimplici.
Primula veris flore gemino maior polyanthos.
Primula veris flore gemino minor polyanthos.
Primula veris flore viridi pleno.
Paralitica maior ſerotina amplo flore viridi.
Paralitica minor flore purpureo.
Prunus flore duplicato.
Prunus mirobolanus.
Prunorum variæ ſpecies.
Pſeudo-bunias.
Pſeudo-cyperus.
Pſeudo-coſtus.
Pſeudo-dictamus.
Pſyllium vulgare annuum.
Ptarmica Auſtriaca.

Ptarmica flore pleno.
Pulegium Ceruinum.
Pulegium regale.
Pulegium minus vulgare.
Pulmonaria flore albo.
Pulmonaria flore purpureo maior Germanica.
Pulmonaria flore purpureo vulgaris.
Pulmonaria maior flore rubro.
Pulſatilla montana maior flore albo polyanthos.
Pulſatilla montana flore viridi luteo.
Pulſatilla flore albicante.
Pulſatilla flore violaceo.
Pyracantha.
Pyretrum verum.
Pyrola.
Pyrus flore duplicato.
Pyrus fructu intus rubro.
Pyrorum variæ ſpecies.
Pyraſter maius.
Pyraſter minus ſeu amelantia.

Q

QVadrifolium pheum.
Quamoclit, ſeu Iaſminum flore rubro.
Quinque neruia.
Quercus mas & fœmina.

R

RAdix caua maior flore purpureo.
Radix caua minor flore purpureo.

Ranunculus Asiaticus flore albo maior amplo.
Ranunculus Asiaticus minor flore albo.
Ranunculus Asiaticus flore albo cum lineis purpureis.
Ranunculus Asiaticus flore albo cum lineis purpureis tenuifolius.
Ranunculus Asiaticus flore albo oris rubris.
Ranunculus Asiaticus flore luteo variegato amplo maior.
Ranunculus Asiaticus flore aureo.
Ranunculus Asiaticus flore subluteo variegato.
Ranunculus Asiaticus sulphureus oris rubris.
Ranunculus Asiaticus flore luteo maior amplo flore.
Ranunculus Asiaticus flore coccineo simplici.
Ranunculus Asiaticus flore coccineo multiplici.
Ranunculus Asiaticus flore purpureo simplici.
Ranunculus Asiaticus flore purpureo intus alb. oris sulphureis.
Ranunculus albus maior grumosa radice flore albo simplici.
Ranunculus albus multiplex grumosa radice.
Ranunculus albus folio plantaginis Pyrenæus grumosa radice.
Ranunculus albus talietri folio grumosa radice.
Ranunculus luteus latifolius Creticus.
Ranunculus luteus folio graminis.
Ranunculus luteus Hispanicus vernus.
Ranunculus montanus latifolius Alpinus.
Ranunculus grumosa radice luteus autumnalis polyanthos odoratus.

Ranunculus luteus autumnalis odoratus ſimplex Luſitanicus.

Ranunculus Illyricus luteus maior flore multiplici polyanthos.

Ranunculus Illyricus minor luteus multiplex polyanthos.

Ranunculus Illyricus maior ſimplex luteus.

Ranunculus Illyricus luteus minor ſimplex.

Ranunculus globoſus.

Ranunculus longifolius paluſtris flammeus maior, ſeu lingua maior Plinij.

Ranunculus luteus pyrenæus ſemper virens flore duplicato.

Ranunculus luteus multiplex polyanthos.

Ranunculus luteus polyanthos multiplex ſylueſtris repens.

Ranunculus tuberoſus maior Anglicus multiplex polyanthos.

Ranunculus tuberoſus minor multiplex polyanthos.

Ranunculus nemoroſus flore albo ſimplici.

Ranunculus nemoroſus flore albo multiplici.

Ranunculus nemoroſus flore carneo.

Ranunculus nemoroſus flore herbido.

Ranunculi pratenſes varij.

Raphanus ſylueſtris.

Raphanus paluſtris.

Raphanus niger perannis.

Raphanus monoſpermos.

Raphanus vulgaris.

Rapunculus maior Alpinus latifolius Alopecuroides.

Rapunculus maior Alpinus latifolius maculatus Alopecuroides.
Rapunculus Alpinus minor rotundifolius humilis corniculatus.
Rhaponticum foliis enulæ
Rhaponticum montanum foliis Cinaræ.
Rhaponticum verum.
Rhapunculum alopecurum.
Rhapontium.
Rhamnus primus Dioſcoridis.
Rhamnus ſecundus Monſpelienſis.
Rhamnus tertius ſeu catharticus.
Reſeda maior Italica.
Reſeda minor vulgaris.
Rodia radix.
Rhus Plinij myrtifolia.
Rhus coriariorum ſeu cotynus Plinij.
Rhus officinarum obſoniorum.
Rhus virginiana.
Ribes fructu albo.
Ribes fructu nigro.
Ribes Germanica fructu rubro magno.
Ribes Alpina fructu rubro magno.
Ribes fructu rubro vulgaris.
Roſa alba multiplex.
Roſa alba ſimplex.
Roſa alba muſcata multiplex.
Roſa alba muſcata ſimplex.
Roſa alba Damacena multiplex.
Roſa alba pimpinellæ folio.
Roſa Batauica multiplex flore albo maior.

Rosa Batauica flore carneo pomifera multiplex.
Rosa Batauica flore albicante multiplex.
Rosa Batauica flore purpureo minor inodora multiplex.
Rosa Batauica multiplex flore rubro minor odorata.
Rosa Austriaca flore phœniceo simplici.
Rosa Germanica flore albo variegato multiplici.
Rosa cynamomea multiplex.
Rosa cynamomea simplex.
Rosa flore carneo multiplici syluestris.
Rosa cannia syluestris simplex.
Rosa holosericea flore duplici.
Rosa lutea simplex.
Rosa lutea multiplex.
Rosa Italica flore carneo perpetua.
Rosa purpurea Francofurti.
Rosa Americana semper virens flore carneo simplici.
Rosa sine spinis maior Neapolitana flore purpureo duplici.
Rosa sine spinis minor montana flore carneo.
Rubea maior.
Rubea minor.
Rubea latifolia siue spuria Dodonei.
Rubus Idæus Americanus latissimis foliis amplo flore purpureo odorat. fructu rubro.
Rubus Idæus fructu albo.
Rubus Idæus fructu rubro.

S

SAbdariſſa maluæ ſpecies.
Sabina baccifera.
Sabina vulgaris.
Sagittaria.
Salicis variæ ſpecies.
Salicornia.
Saluia Boſci.
Saluia latifolia ſylueſtris.
Saluia lutea maculata.
Saluia baccifera.
Saluia rubra maculata.
Saluia vulgaris.
Saluia vita.
Sambucus aquatica multiplex.
Sambucus aquatica ſimplex.
Sambucus foliis laciniatis.
Sambucus montana racemoſa.
Sambucus vulgaris fructu albo.
Sambucus vulgaris fructu nigro.
Sanamunda.
Sandalida Cretica.
Sanguiſorba maior Americana flore albo ſpicato
Sanguiſorba maior Italica.
Sanguiſorba minor vulgaris ſeu pimpinella.
Sanicula Americana repens flore albo.
Sanicula Alpina guttata.
Sanicula Hiſpanica guttata.
Sanicula vera vulgaris.

Saponaria exautica folio caulem obtegente.
Saponaria Alpina flore pleno.
Saponaria vulgaris.
Satureia sempervirens.
Satureia vulgaris annua.
Satyrium siue denscaninus Dalechampi.
Satyrium Hispanicum amplo flore purpureo.
Satyrium trifolium.
Saxifraga alba.
Saxifraga aurea.
Saxifraga Anglor.
Saxifraga maior Germanica.
Saxifraga vulgaris.
Saxifraga maxima pratensis.
Scabiosa Austriaca foliis Dipsaci flore rubello Clusij.
Scabiosa montana calidarum regionum Dalechampi.
Scabiosa perpetua Cretica arborescens.
Scabiosa flore albo Hisp
Scabiosa Cretica flore rubro variegato.
Scabiosa montana maior foliis centaurii maioris.
Scabiosa montana latifolia.
Scabiosa Hispanica sphærica.
Scabiosa Hispanica tenuifolia.
Scabiosa vulgaris.
Scabiosæ aliæ variæ.
Scolymos.
Scoparia seu belueder aut osiris mai. siue linaria.
Scoparia.

Scordium.
Scorodoprassum.
Scorsonera Bohemica.
Scorsonera glabra Gallica.
Scorsonera Hispanica angustifolia
Scorsonera pratensis.
Scorpioides folio bupleuri maior.
Scorpioides folio bupleuri minor.
Scorpioides folio portulacæ.
Scorpioides leguminosa.
Scrophularia Americana maior.
Securidaca maior.
Securidaca minor.
Securidaca peregrina.
Sedum Alpinum gnaphaloides amplo flore atro-purpureo.
Sedum maius arborescens.
Sedum minus vermiculatum arborescens.
Sedum minus vermiculatum flore albo.
Sedum minus flore luteo.
Sedum serratum.
Sedum vermiculatum maius seu esculentum.
Sedum vrens.
Sedum Alpinum minimum.
Senecio.
Senecio foliis & floribus laciniatis.
Sentiola frutescens spinosa.
Serapias flore candido.
Serapias palustris.
Serapias montana.

Serpentaria Americana. Dalechampi.
Serpentaria maior Hiſpanica.
Serpentaria maior Italica.
Serpillum Pannonicum.
Serpillum vulgare.
Serratula Alpina maior.
Serratula Mathioli.
Serratula chryſanthema.
Seſamoides folio Coronopi.
Seſamoides glabrum maius.
Seſamoides magnum Salamenticum.
Seſamoides maius.
Seſamoides Maſſilienſe ſeu Tartonraire.
Seſamoides paruum alterum.
Seſeli Æthiopicum frutex.
Seſeli Æthiopicum herba.
Seſeli cicutæ facie.
Seſeli Cretenſe aſperũ & nodosũ echinato ſemine.
Seſeli Cretenſe tenuifolium.
Seſeli Maſſilienſe.
Seſeli paruum Monſpelienſe.
Seſeli Peloponnenſe.
Seſeli Germanicum pratenſe.
Siderat. variæ.
Sideritis Monſpeliaca ſcordioides fruteſcens.
Sideritis Monſpeliaca folio Triſſaginis minor.
Sigillum beatæ Mariæ.
Siler montanum.
Siligo.
Sinapio variæ ſpecies.
Siſarum

Sison.
Sisymbrium.
Sisymbrium, vide nasturtium.
Sisymrichium maius Africanum flore purpureo.
Sisymrichium maius Hispanicum flore violaceo.
Sisymrichium minus flore violaceo.
Smilax aspera.
Smilax lenis Lusitanica.
Smyrnium Creticum.
Soldanella.
Soldanella Alpina.
Solanum Ægyptium Clusij seu antiquorum.
Solanum Americanum arborescens racemosum.
Solanum arborescens seu somniferum.
Solanum hortense.
Solanum lignosum.
Solidago Alpina latifolia.
Solidago Sarracenica tertia Tragij.
Sonchus Alpinus humilis flore purpureo.
Sonchus maximus.
Sonchus nemoralis.
Sonchus asper.
Sonchus leuis.
Sonchorum variæ species.
Sophia chirurgorum.
Sorbus domestica.
Sorbus syluestris torminalis, seu crategus Theophrasti.
Sorbus Americana.
Sorbus torminalis Plinij.
Sorgum.

Spergula.
Spica.
Spina nigra, ſeu prunus ſylueſtris.
Spondilium.
Stachys Italica flore purpureo.
Stachys Monſpelienſium.
Stachys odorata.
Stachys ſylueſtris.
Staphis agria.
Staphyllodendrum.
Statice exautica anguſtifolia flore albo.
Statice exautica flore cinericeo.
Statice Luſitanica latifolia.
Statice marina minima.
Stœbe Alpina Centauroides flore purpureo ſquamato & hirſuto capite.
Stœbe capitata roriſmarini folio.
Stœbe exautica tenuifolia incana flore purpureo.
Stœbe incana tenuifolia Narbonẽſis flore purpureo
Stœbe laricea humilis flore violaceo.
Stœbe Luſitanica latifolia flore pupureo, echinato capite.
Stœbe Luſitanica flore luteo allato caule, echinato capite.
Stœbe marina ſpinoſa.
Stœbe Salamentica maior.
Stœbe Salamentica minor.
Stœbe Neapolitana tenuifolia flore albo.
Stœbe Narbonenſis flore purpureo echinato capite.
Stœbe pinnata acaulis flore violaceo.
Stœbe tenuifolia Narbonenſis.

Stœcas Arabica.
Stœcas citrina.
Storax calamita.
Suber.

T

TAbacum latifolium maius.
Tabacum angustifolium maius.
Tabacum minus seu hyoscyamum luteum peruvianum.
Tamariscus.
Tamariscus minor.
Tanacetum Anglicum crispum.
Tanacetum Anglicum flore albo.
Tanacetum montanum inodorum.
Tanacetum vulgare.
Tarcum.
Taxus.
Telephium Alpinum angustifolium.
Telephium maius Hispanicum.
Telephium Germanicum flore purpureo.
Telephium semper virens.
Telephium vulgare.
Terebinthus vera.
Terebinthus Cappadocea.
Testiculus canis.
Testiculus hirci.
Testiculus vulpis Dodonei.
Testiculus odoratus Dodonei.
Tetrahit.

Teucrium Alpinum inodorum flore purpuro-cæruleo.
Teucrium beticum.
Teucrium maius.
Teucrium Lusitanicum.
Teucrium pratense.
Tapsia latifolia maior.
Tapsia tenuifolia.
Thlaspi Creticum flore albo seu draba
Thlaspi clypeatum maius latifolium flore sulphureo.
Thlaspi Creticum vmbellatum flore purpureo.
Thlaspi Hispanicum fructicosum semper virens vmbellatum flore albo.
Thlaspi Hispanicum semper virens foliis, floribus & siliquis instar glasti satiui.
Thlaspi incanum Cretense flore albo.
Thlaspi incanum Narbonense.
Thlaspi Lusitanicum marinum siliquosum flore atro-rubente.
Thlaspi Mechliniense.
Thlaspi minimum peltatum.
Thlaspi Narbonense angustifolium.
Thlaspi vmbellatum minus vulgare.
Thlaspi clypeatum vulgare.
Thymbra.
Thymelea.
Thymum Creticum cephalotum.
Thymum vulgare.
Tilia mas.
Tilia fœmina.

Tithymalus caratias.
Tithymalus myrtites.
Tithymalus tuberosus.
Tithymali varij.
Tormentila.
Trachelium Americanum flore rubro seu Cardinalis planta.
Trachelium maius flore albo multiplici.
Trachelium maius flore albo simplici.
Trachelium maius flore violaceo multiplici.
Trachelium maius flore violaceo simplici.
Trachelium minus serotinum flore candido.
Trachelium minus flore violaceo.
Tragopogum flore cinericeo.
Tragopogum flore luteo.
Tragopogum flore purpureo.
Tragopogum folio graminis.
Tragoriganum Creticum.
Tragoriganum Germanicum.
Trifolium acetosum flore albo.
Trifolium acetosum flore luteo corniculato.
Trifolium bituminosum flore cœruleo.
Trifolium fragiferum.
Trifolium hæmorrhoidale.
Trifolium maius.
Trifolium maius Americanum clypeatum flore purpureo spicato.
Trifolium maius Americanum siliquosum flore cinericeo bituminosum.
Trifolium odoratum.
Trifolium Pyrenæum angustifolium dulce, flore purpureo, seu Liquirisia montana minor.

Trifolium rectum Narbonense.
Trifolij variæ species.
Tripolium minus.
Triticum.
Triorchis variæ species.
Tulipa minor angustifolia Alpina.
Tulipa caramania minor angustifolia flore purpureo præcox.
Tulipa minor angustifolia Bononiensis flore luteo.
Tulipa minor Hispanica angustifolia flore luteo.
Tulipa minor angustifolia persica bicolor.
Tulipa persica latifolia flore candido.
Tulipa latifolia Bononiensis flore rubro oris luteis.
Tulipa Armeniaca flore sanguineo.
Tulipa Armeniaca flore obsoleto.
Tulipa rubra præcox pumilior.
Tulipa Pyrisine seu bombycina maior præcox flore phœniceo.
Tulipa Pyrisine seu bombycina media flore rubro, vnguibus purpureis sulphureo circulo cinctis.
Tulipa striata præcox flore luteo.
Tulipa striata serotina flore luteo oris rubris.
Tulipæ præcoces variæ.
Tulipæ mediæ variæ.
Tulipæ serotinæ variæ.
Tus.
Tussilago montana maior.
Tussilago montana minor.
Typha.

V

VAcaria.
Vaccinia rubra.
Vaccinia nigra.
Valeriana Alpina annua.
Valeriana aquatica.
Valeriana mas.
Valeriana fœmina.
Valeriana Græca flore albo.
Valeriana Græca flore cæruleo.
Valeriana Indica.
Valeriana Indica flore violaceo.
Valeriana maxima exautica.
Valeriana peregrina flore albo.
Valeriana peregrina flore rubro.
Verbaſcum mas.
Verbaſcum fœmina.
Verbena recta.
Verbena vulgaris.
Veronica.
Veronica aquatica Alſine folio.
Veronica mas latifolia.
Veronica mas recta anguſtifolia flore cæruleo & flore albo minor.
Viola Alpina.
Viola Martia biflora multiplex.
Viola Martia ſimplex.
Viola lutea Americana maior ſubrecta.
Viola lutea Americana minor.
Violæ martiæ variæ.
Viola Mariana.
Viola matronalis flore pleno albo.

Viola matronalis flore violaceo duplicato.
Viola ſubrecta tricolor.
Viola montana flore violaceo.
Viola montana flore luteo.
Viola tricolor.
Viola pratenſis.
Viola Calathiana vernalis.
Viola Calathiana autumnalis.
Viburnum.
Viſcaria maior.
Viſnaga.
Vlmaria maior.
Vlmaria minor.
Vitis vinifera foliis laciniatis fructu albo præcox.
Vitis vinifera.
Vitis vinifera, variæ ſpecies.
Vitis corinthiaca fructu rubro & albo.
Vua criſpa fructu albo hirſuto comm.
Vua criſpa fructu albo.
Vua criſpa fructu rubro.
Vua criſpa fructu violaceo.
Vua muſcata.
Vua criſpa fructu albo vulgaris.
Vua vrſi.

X

Xylosteum.
Xylon.
Xyris.

Z

Ziſiphus.
Zea, Gallicè, Eſpeautre, aliàs Scourgeon.

FINIS.

APPENDIX.

ACACIA arbor maior baccifera vocata ab Indis Iacoma.

Acacia minor latifolia ex Insula S. Christoph.

Acacia minor angustifolia ex Insulâ S. Christoph.

Acajou.

Adiantum nigrum sancti Christophori.

Aloë angustifolia mucronata ex Insula S. Christophori.

Alsine maior flore pleno, ex Insula S. Helenæ.

Althea arbor Chinensis flore albo variegato multiplici.

Althea arbor Chinensis flore albo variegato simplici.

Althea frutescens vlmi folio maior flore luteo ex Insula sancti Thomæ.

Althea frutescens vlmi folio minor paruo flore luteo Canariæ.

Althea frutex minor incana ex Insula sanctæ Helenæ, non floruit apud nos.

Althea frutex incana latifolia ex Insula sanctæ Helenæ.

Althea maior latifolia polyspicata ex Insula sancti Christophori.

Althea maior echinato semine ex Insula sancti Christophori.

Althea ramosa lucida Canariæ, glabris foliis.

Althea virginiana amplo flore albo purpureo, basi elegans.

Althea virginiana angustifolia.

Ananas domesticus.

Ananas syluestris.

Ancusa virginiana minor.

Angelica tuberosa Canadensis.

Apocynum Canadense siliquosum flore rubello foliis instar Androsæmi, viuâ radice.

Apocynum maius repens siliquosum ex Insula sancti Christophori.

Apocynum maius repens magnis siliquis glabris ex Insula sancti Christophori.

Apocynum maius repens magnis siliquis hirsutis ex Insula sancti Christophori.

Apocynum maximum pomiferum repens ab Indis Pomes d'Agouti.

Arbor foliis instar Mori albæ ex Insula sancti Christophori.

Arum maius rotundum latifolium ex Insula sancti Christophori.

Arum maius latifolium esculentum ex Insula sancti Christophori.

Arum minus ex Insula sancti Christophori.

Arundo hirsuta minor pumilis ex Insula sancti Christophori.

Arundo Indica Orientalis minor, seu Zinziber officinarum.

Arundo minor angustifolia frutescens ex Insula sanctæ Helenæ.

Arundo minor flore Coccineo foliis obtusis, ex Insula sancti Christophori.

Arundo rubra maxima latifolia flore rubro holosericea, ex Insula sancti Christophori.

Arundo saccharina.

Arundo virginiana frutescens ramosa, non fistulosa.

Asclepias virginiana foliis obtusis.

Atriplex angustifolia glabra Canariæ.

Atriplex fragifera virginiana.

Atriplex latifolia Canariæ.

Atriplex ramosa frutescens Canariæ foliis instar virgæ sanguinalis.

Bamia Moscata amplo flore luteo, purpureâ basi, ex Insula sancti Christophori.

Bruscus maior ex Insula sancti Christophori.

Capillus Veneris sancti Christophori.

Citrullus minor flore purpureo elegans, foliis asperis ex Insula sanctæ Helenę.

Citrullus minor paruo fructu virid. ex Insula sanctæ Helenæ.

Citrullus minor rugosis foliis fructu marmoreo ex Insula sancti Thomæ.

Colutea longissimis siliquis ex Insula sancti Christophori.

Colutea semper virens ex Insula S. Christophori.

Conuoluulus frutescens Cytisi folio.

Conuoluulus glaber-cordi folio flore luteo Canariæ.

Conuoluulus glaber minor hederæ folio flore luteo Canariæ.

Conuoluulus maior ab Indis Batatas.
Conuoluulus maior Altheæ folio Canariæ.
Conuoluulus maior ſiliquoſus ſericeus, ex Inſula ſanctę Helenę.
Conuoluulus minor tenuifolius Canariæ.
Conuoluulus pentaphylleus flore albo.
Coralus arbor non deſcriptus ex Inſula ſancti Chriſtophori.
Cyperus arundinaceus odoratus ex Inſula ſancti Chriſtophori.
Cyperus eſculentus Canarię nominatus ab Indis Attaqui.
Cytiſus humilis ſancti Chriſtophori.
Cytiſus niger Indiæ Occidentalis.
Cytiſus rotundifolius ex Inſula S. Chriſtophori.
Daucus ex Inſula ſanctæ Helenæ.
Digitalis virginiana flore Perſico elegans.
Dryopterus maxima ſancti Chriſtophori.
Eruca Cretica recta anguſtifolia.
Eruca maior anguſtifolia virginiana.
Eruca tenuifolia virginiana.
Eupatorium Canabinum minus flore cæruleo Canariæ.
Euphorbium cerei effigies ex Inſula ſancti Chriſtophori.
Ficus Indica Occidentalis maior echinata.
Filix Indica Occidentalis maior argentea latifolia.
Filix Indiæ Occidentalis planta foliis Polypodij.
Filix minor tenuifolia argentea elegans ex Inſula ſancti Chriſtophori.
Fraxinus ſemper virens ex Inſula ſanctæ Helenæ.

Frutex cordifolio vocatus ab Indis Roucou, ex cuius ſemine vultum pingunt mulieres, ex Inſula ſancti Thomæ.

Frutex Indicus Occidentalis ſemper virens foliis inſtar Carpini.

Frutex Indicus Occidentalis foliis inſtar Mali Punici, ſed obtuſis.

Gelſeminum Indicum Orientale luteum ſemper virens & florens.

Gelſeminum luteum ex Inſula ſanctæ Helenæ.

Gelſeminum luteum foliis inſtar Gelſemini virginiani ex Inſula S. Chriſtophori.

Gelſeminum maius latifolium ex Inſula ſancti Chriſtophori.

Gelſeminum minus Indiæ Occidentalis.

Gelſeminum virginianum flore luteo.

Goſipium arbor ex Inſula S. Chriſtophori.

Gramen echinatum rectum ex Inſula ſancti Chriſtophori.

Gramen virginianum maius echinatum polyſpicatum ſupinum.

Gramen virginianum rotundo capite.

Halicacabum Americanum mai. flore variegato.

Hedyſarum minus fruteſcens ex Inſula ſanctæ Helenæ.

Iacea maior virginiana latifolia ſquamato capite, & hirſuto flore purpureo.

Lathyrus maior virginianus flore violaceo.

Lathyrus maior virginianus perannis flore rubello.

Lathyrus maior virginianus perannis flore rubro.

Lathyrus virginianus flore cæruleo.

Lathyrus virginianus flore luteo.

Lathyrus virginianus flore rubro.

Laurus aromatica ſancti Chriſtophori.

Laurus virginiana anguſtifolia.

Lotus arbor ex Inſula ſancti Chriſtophori nominata ab Indis Tabago.

Melocardus, ſeu Melocoactus ex Inſula ſancti Chriſtophori.

Milium Typheum Canariæ.

Muſa ab Indis Bananas.

Nepeta maior anguſtifolia inodora ex Inſula ſancti Thomæ.

Ocimoides maius virginianum ſemper virens.

Padus myrtifolia flore luteo ex Inſula ſancti Chriſtophori.

Palma anguſtifolia coccifera S. Chriſtophori.

Palma echinata ſancti Chriſtophori.

Palma minor latifolia ſtellata S. Chriſtophori.

Palma minor ſpinoſa ſancti Chriſtophori.

Palma minor trifolia ſancti Chriſtophori.

Pancratium maius latifolium flore albo, patulo calice ſancti Chriſtophori.

Panicum rubrum virginianum.

Phaſeolus albus corniculatus virginianus.

Phaſeolus corniculatus minor flore luteo ex Inſula ſancti Chriſtophori.

Phaſeolus Indicus Orientalis maior flore albo, ſeu Lablab.

Phaſeolus lignoſus glaber, foliis mucronatis ex Inſula ſancti Chriſtophori.

Phaſeolu

Phaseolus lignosus glabris foliis obtusis ex Insula sancti Christophori.

Phaseolus minor humilis paruo flore subluteo, ex Insula sanctæ Helenæ, ab Indis Coubes.

Phaseolus minor Indicus Occidentalis tenuifolius.

Phaseolus niger minor flore violaceo dilutiori ex Insula sancti Christophori.

Phaseolus niger virginianus flore Phœniceo.

Phaseolus rubeus maior corniculatus flore violaceo dilutiori virginianus.

Phaseolus virginianus minor perannis flore albo.

Phaseolus virginianus minor perannis, flore violaceo dilutiori variegato.

Phyllitis foliis Polypodij sancti Christophori.

Phyllitis maior angustifolia, seu lingua Ceruina sancti Christophori.

Phyllitis omnium maxima latifolia trifolia sancti Christophori.

Platanus virginiana.

Populus virginiana flore elegantissimo.

Polypodium maius ex Insula sancti Christophori.

Prunella maior virginiana latifolia serotina flore violaceo.

Pyrasteo Canadensis flore spicato paruo fructu.

Ribesinum Canadense fructu rubro hirsuto.

Ricinus arbor angustifolius ab Indis Manioc.

Ricinus arbor foliis Elleborastri.

Ricinus arbor foliis laciniatis instar Alceæ Venetæ.

Ricinus arbor latifolius ab Indis Manioc. nominatus, ex cuius radice conficiunt panem, quem vocant Caſſaue, ex Inſula ſancti Chriſtophori.

Ricinus maior latifolius caule rubro, magno ſemine Ind.

Ricinus maior latifolius caule rubro paruo ſemine Ind.

Ricinus maior latifolius caule toto viridi ex Inſula ſancti Chriſtophori.

RICHELIANA, herba ſenſitiua.

Sanicula Canadenſis ſemper virens flore ſpicato.

Seſeli virginianum.

Siliqua maior Indiæ Occidentalis ab Indis Courbali.

Siliqua maior latifolia virginiana.

Siliqua maior ex Inſula D. Thomæ ab Indis Courbali.

Smilax aſpera latifolia ex Inſula ſancti Chriſtophori.

Smilax leuis latifolia, ſeu ſalſaparilla ex Inſula ſancti Chriſtophori.

Solanum maius latifolium echinatum amplo flore violaceo ex Inſula ſancti Thomæ.

Solanum minus echinatum paruo flore ſubluteo, ex Inſula ſancti Thomæ.

Solanum minus fruteſcens ſemper virens ex Inſula ſancti Chriſtophori.

Solanum ſpinoſum anguſtifolium fruteſcens ex Inſula ſancti Chriſtophori.

Solanum ſpinoſum latifolium pomiferum paruo fructu rubro.

Stramonium minus ſpinoſum Canariæ.

Tithymalus arbor anguſtifolius ex Inſula ſancti Chriſtophori.

Tithymalus arbor latifolius ex Inſula ſancti Chriſtophori.

Tithymalus Caratias minor Cretenſis fruteſcens.

Tithymalus minor fruteſcens ex Iuſula ſancti Chriſtophori,

Trifolium virginianum fruteſcens.

Triticum maius latifolium peranne virginianum polyſpicatum.

Vua criſpa Canadenſis fructu gemino.

Xanthium virginianum maius arboreſcens.

FINIS.

www.ingramcontent.com/pod-product-compliance
Ingram Content Group UK Ltd.
Pitfield, Milton Keynes, MK11 3LW, UK
UKHW021547260726
13993UKWH00002B/676